L'AMOUR

DÉVOILÉ,

OU

LE SISTÊME

DES SIMPATHISTES,

L'AMOUR

DÉVOILÉ,

OU

LE SYSTÊME

DES SIMPATHISTES,

Où l'on explique l'origine de
l'Amour, des Inclinations, des
Simpathies, des Aversions, des
Antipathies, &c.

par M. Tiphaigne

M. DCC. XLIX.

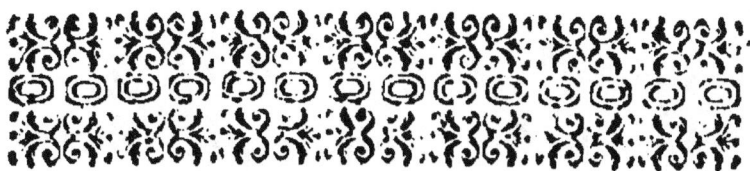

PRÉFACE.

Multa renafcentur que jam cecidere,
cadentque
Quæ nunc funt in honore.

Horat. art Poet?

VOIR ce qui fe paffe dans la nature, & fe contenter de le voir, fans defirer d'en connoître les caufes : c'eft, fans doute, être plus philofophe qu'on ne penferoit bien. Il n'eft pas donné à tous les hommes d'être fi peu curieux. S'il en eft quelques-uns de cette heureufe conformation, il en eft beaucoup d'autres qui veulent approfondir les chofes. Peu contens de jouir nuement des biens qui leur font offerts ; ceux-ci ne les goûteroient qu'à moitié, s'ils ne connoiffoient pas les refforts quo la nature mét en œuvre pour les tranfmettre jufqu'à eux. C'eft pour ces derniers que j'ai compofé ce petit Ouvrage.

Entre tous les effets de la Sympathie, l'Amour ou l'invincible penchant que les deux Sexes ont l'un pour l'autre, peut être affurément regardé comme le chef-d'œuvre de la Nature. C'eft cette aveugle impreffion, cet inftinct, ce *je ne fçai quoi*, comme l'appellent les Italiens pour fe tirer plus vîte d'affaire, dont nous entreprenons d'expliquer les caufes.

Le plan de cet ouvrage eft

ſimple. Comme il n'eſt guéres de
Syſtême, qu'on puiſſe appuyer
aujourd'hui ſur d'autre fondement que ſur les ruines de quelqu'autre Syſtême, nous commençons par examiner celui de Platon ſur l'Amour, que quelques
Ecrivains Modernes ont tâché
de faire revivre, & nous le réfu-
tons. Nous paſſons enſuite aux
opinions ou aux principes ſi différens d'Ariſtote & de Deſcartes, & après les avoir mis dans
le plus grand jour, nous en dé-
montrons l'abſurdité.

Enfin comme on ne détruit
que pour bâtir, tous ces Syſtê-
mes ſur l'Amour bien diſcutés
& renverſés, la place vuide nous
commençons à poſer les fonde-
mens du nôtre, & on verra qu'il
a pour baſe la matiere Sympa-

thique qui s'exhale des corps, ou la matiere tranſpirante qui eſt la même choſe.

> Il eſt des nœuds ſecrets, il eſt des Sym-
>   pathies,
> Dont par le doux rapport les ames
>   aſſorties,
> S'attachent l'une à l'autre & ſe laiſſent
>   piquer,
> Par ces *je ne ſçai quoi* qu'on ne peut
>   expliquer.
>
> *Voiture.*

L'AMOUR
DÉVOILÉ,
OU
LE SYSTÊME
DES SIMPATISTES.

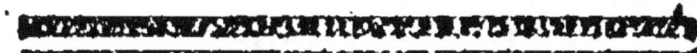

CHAPITRE PREMIER.

Différens sentimens sur l'origine de l'Amour.

JE ne m'arrêterai point ici à faire de vains efforts pour définir clairement l'Amour. Ceux qui ont aimé le connoissent bien; & l'on ne peut en

A

donner aucune idée à ceux qui
n'ont pas aimé. L'Amour ne fe définit point, il fe fent : ces mouvemens vifs, ces impreffions touchantes , ces tendres émotions , tout
cela ne fçauroit s'exprimer. Ce
n'eft pas que je ne puffe dire comme bien des Philofophes que, *l'A-*
mour eft un mouvement de l'ame, qui
nous porte à nous unir à un objet qui
nous paroît agréable. Mais qu'eft-ce
que cette froide définition, en comparaifon de ce qui fe paffe dans
nous quand l'Amour nous domine?
Encore une fois l'Amour fe fent,
& ne fe définit point. D'ailleurs
mon deffein n'eft pas d'en faire la
peinture, mais d'en rechercher l'o-
rigine. On connoît affez cette paffion, mais on ignore quelle eft la
caufe qui la produit.

Si jufqu'à préfent on n'a pas en-

core découvert la vraie source de
ce qu'on appelle Amour, Inclination, Simpatie ; ce n'est pas qu'on
n'ait fait de grands efforts pour y
parvenir. Il a toujours été, & il sera
toujours de ces Amans peu curieux,
qui ne s'embarrassent guere de sçavoir quelle cause fait naître l'A-
mour dans le cœur d'une Belle ,
pourvû qu'ils en soient aimés : &
ceux-là ne font peut-être pas les
moins raisonnables. Mais aussi il a
toujours été de ces Amans médi-
tatifs, avides de sçavoir, (ce sont
les Philosophes) qui n'ont pas plutôt ressenti les atteintes de cette
passion , qu'ils se sont interrogés
eux-mêmes. *Quel est ce feu qui échauffe
mon ame.* (ont-ils dit) *quelle est sa
nature , quel est son orgine ?* Et aussi-
tôt ils se sont mis à faire l'analyse
de ce feu, à examiner sa nature, à

déterminer son origine. Ils en ont
parlé dans l'antiquité, ils en ont
parlé dans les siécles derniers, ils
en parlent encore aujourd'hui. Et
comme un Philosophe, suivant les
régles, ne doit pas penser comme
un autre Philosophe; chacun d'eux
en a parlé à sa façon; chacun s'est
fait son syſtême; chacun s'est trom-
pé à sa maniere.

On n'en finiroit jamais, si l'on
entroit dans le détail. Ainſi je me
contenterai, avant que d'en venir
aux Simpatiſtes, de faire mention
en peu de mots des ſentimens de
ceux qui ont fait le plus de bruit.
Je parlerai des Platoniciens, de la
vénérable Ecole des Peripateti-
ciens, & du très-Syſtêmatique Deſcartes.

CHAPITRE II.

Sentiment des Platoniciens.

IL est des personnes d'un heureux génie, qui saisissent les choses avec tant de facilité, & font des raisonnemens si solides sur les questions les plus abstraites & les plus nouvelles, qu'il semble qu'elles ne font que se rappeller la mémoire de ce qu'elles conçoivent. Ces sortes de gens tromperent Platon. Il prit ce dévelopement de leur conception, cette facilité de leur entendement, pour une simple reminiscence, & crut que réellement ils avoient sçu autrefois ce qu'ils concevoient si aisément.

A iij.

Dans cette idée il s'imagina que l'ame d'elle-même est pourvûe de toutes sortes de belles connoissances qui lui sont infuses ; mais dont elle perd la mémoire dès l'instant qu'elle s'unit au corps. Elle demeure engourdie & affaissée sous cette masse, & tout ce qu'elle a sçu est entiérement absorbé dans la matiere. Mais à mesure que les organes se dégagent & que les sens s'épurent, elle se rappelle peu à peu une partie de ce qu'elle a connu, & se ressouvient de ce qu'elle a sçu.

Ainsi, selon Platon, nous n'apprenons presque rien de nouveau ; nous ne faisons que nous le retracer. Si nous sommes des ignorans, c'est que nous ne nous ressouvenons de rien. J'ai été aussi sçayant qu'aucun homme du monde ; mais malheureufement mon Efprit a affaire à un méchant corps mal organifé, qui ne lui permet pas de fe rappeller fes anciennes idées.

Entre toutes ces connoiffances infufes dans notre ame, il fe trouve l'image du beau. Par exemple, l'image d'un bel homme fe trouve infufe dans l'ame d'une femme, & l'image d'une belle femme eft infufe dans l'ame d'un homme.

Les Platoniciens ne balancent point à charger l'ame de ces fortes d'images. Cela ne gâte point leur fyftême ; & quand une fois on a pris le parti d'infufer, une infufion de plus ou de moins, n'eft pas une affaire. On a d'ailleurs de fortes raifons pour ne pas rejetter celle-ci. Elle eft d'un merveilleux fecours, pour expliquer l'origine de l'Amour,

A iv

Voici comme l'Amour naît dans nos cœurs.

Une personne s'offre à mes yeux, son image passant par l'organe de la vûe, va se présenter à l'ame; l'ame la considere, l'examine, & la compare à celle qu'elle a reçue de Dieu, par la grace de l'infusion. Si cette image extérieure se trouve semblable à l'intérieure, à l'infuse; l'ame l'aime à l'instant, & cette ressemblance est la cause occulte de l'Amour. Mais si l'image extérieure est différente de l'intérieure, ce défaut de rapport, cette dissonance blesse l'ame, & produit la haine ou l'aversion.

On annonce une Belle dans un Cercle. Elle est sur le point d'arriver, elle n'est qu'à deux pas de-là. Chacun des assistans dirige son intention, chacun se représente

vivement l'image du beau que son
Créateur lui a donnée. La Belle
paroît ; on la confidere ; on la compare. Elle refte quelque tems dans
la Compagnie, prend congé, &
part, ayant plû aux uns, déplû aux
autres, & n'ayant fait aucune impreffion fur beaucoup. Pourquoi
cela ? Le voici. Son image s'eft
trouvée conforme chez quelques-
uns, à ce portrait qui eft attaché
à l'ame, & elle leur a plû : cette
même image s'eft trouvée différente chez les autres, & elle leur
a déplû. Si le refte de la Compagnie eft indifférent pour elle ; c'eft
que la reffemblance des images
n'eft point affez grande pour produire l'inclination, & la différence
eft trop petite pour produire l'a-
verfion.

Tel eft le fentiment de la plû-

A v.

part des Platoniciens. Il tombe de
lui-même ; & il ne me reste plus
sur ce sujet, qu'à vous communiquer la Lettre suivante. Elle a été
écrite par un Sectateur de Platon.

A MONSIEUR DE **

PHILOSOPHE TRE'S-PLATONICIEN.

Voilà ce que c'est, Monsieur,
que d'être Sçavant. On est connu,
ensuite consulté, & enfin importu-
né. Vous trouvez dans moi un Pla-
tonicien très-zélé. Je pâlis régu-
lierement huit heures par jour sur
les Livres de notre Secte. Depuis
dix ans je cherche dans Platon une
sagesse que je n'y ai pas encore
trouvée : & mes Amis me disent
qu'il y a fort à craindre que je ne
devienne fou, à force de vouloir
être sage.

Malheureusement on me connoît pour ce que je suis, & quand
j'égaye ma Philosophie dans quelque Cercle , on ne manque jamais
de me jetter sur quelque sentiment
de Platon. Aussi-tôt je l'adopte, je
l'éclaircis , je l'interprête ; après
cela je le soutiens avec fermeté, &
l'on peut dire que j'ai toujours
été le Spadassin de Platon. Partout on m'attaque , partout je me
défend , & presque toujours on
s'imagine que je suis vaincu ; on
crie victoire, on invective, on rit ,
& les rieurs sont rarement de mon
côté. Le personnage fatiguant que
celui d'un Philosophe qui est obligé
de représenter parmi le vulgaire
profane !

 L'autre jour on parloit d'Amour ;
on m'en demanda mon sentiment ,
& je dis celui de Platon. Je fis

mention des Ames ailées montées
sur des Chariots traînés par deux
Chevaux, dont l'un est extrêmement fougueux & indocile. Je leur
parlai du beau que ces Ames, ainsi
équipées, vont contempler dans le
Ciel, du renverfement des Chariots
caufé par la fougue du Cheval in-
domptable, des aîles fracaffées, de
la chûte des Ames fur la terre, des
corps animés par elles, des beaux
objets qu'elles apperçoivent, des
aîles qui commencent alors à leur
revenir, & des efforts qu'elles font
pour s'envoler vers ces objets.
Vous voyez, MONSIEUR, que je
leur parlois-là du plus fin de la Phi-
lofophie miftérieufe des Platoniciens. Mais (l'auriez-vous jamais
cru) ceux à qui j'en parlois prirent
toutes ces belles chofes pour un pur
galimatias. Je vis bientôt que leurs

yeux étoient trop foibles pour percer ces refpectables ténébres ; & me raprochant de la portée de leur efprit , je leur expliquai le fyftême des images infufes; je fis voir clairement que la conformité qui fe trouve entre les images intellectuelles & corporelles , produit l'inclination , l'amour, la fimpatie.

On ne m'en crut pas fur ma parole , il s'éleva contre moi un nombre infini de difficultés.

Si cela eft , difoient les uns , il y a bien à craindre que nous ne devenions amoureux d'une belle fleur, d'une belle plante, d'un bel arbre , &c. Car comme nous naiffons avec l'image d'une belle femme, nous naiffons auffi avec l'image d'une belle fleur, d'une belle plante, d'un bel arbre , &c. Quand nous jugeons qu'une tulipe eft belle , c'eft que fon

image qui par le canal des sens
vient se communiquer à l'ame, se
trouve conforme à celle que nous
avons comme peinte dans l'imagination; & cette conformité produit
l'amour.

Chacun a ses images, disoient les
autres, un enfant a les siennes;
mais ce sont autant de meubles fort
inutiles chez lui, au moins quant à
l'Amour, car il n'en sçauroit être
susceptible. Un enfant est incapable
d'aimer. Comment ajuster cela avec
le sentiment des Platoniciens.

Il y avoit là une jeune Dame qui
prit la parole. Ne peut-on, dit-el-
le, aimer à la fois deux personnes,
& deux personnes d'une figure fort
différente? Si on le peut, comment
ces deux personnes si différentes
entr'elles, peuvent-elles ressembler
à l'image infuse de celui qui les aime?

Ce raifonnement étoit fort , il fortoit d'une belle bouche ; jugez , Monfieur , quel effet il devoit avoir. Qu'on puiffe aimer (reprit , en m'adreffant la parole , un grand homme fec qui me porta le plus rude coup) qu'on puiffe aimer plufieurs perfonnes d'une figure fort différente, vous n'en douterez pas quand vous ferez réflexion aux Amours de Platon même. Vous fçavez mieux que moi , qu'au milieu de fa petite Cour brillante , parmi les beautés qu'il aimoit & dont il étoit aimé , Platon, le divin Platon devint éperduement amoureux d'une vieille édentée , qui ne méritoit affurement point l'attention d'un auffi grand homme.

Quand j'entendis parler de l'Amante décrepite de Platon ; j'oubliai toutes les autres difficultés ; ce

dernier coup m'étourdit ; & je pâlis
de crainte, en voyant le moment
où notre divin Maître alloit tomber
dans le mépris. Les rieurs ne taris-
sent jamais sur cet article. Moi-même, tout plein de vénération que
je suis pour ce Philosophe, j'ai bien
de la peine à lui pardonner ce penchant. Ce n'est pas que je trouve
mauvais qu'un Philosophe soit sensible. La Philosophie n'en est pas
moins sublime, pour être tendre
& amoureuse. Platon en cela ne te-
noit que de son Maître Socrate,
que j'honorerai toute ma vie pour
avoir été le Précepteur de notre
Chef, & sur tout pour avoir mon-
tré une patience au-dessus de l'humaine dans une circonstance bien
chatouilleuse, c'est-à-dire, dans le
tems que sa femme outrageoit son
front sans égard pour la Philosophie,

Socrate , nous dit-on, fe voiloit le vifage quand il parloit d'Amour. Mais c'étoit quand il en parloit avec Platon. Ailleurs il en agiffoit plus uniment ; & l'on fçait d'affez bonne part que fi d'un côté la femme donnoit dans la galanterie , le mari de l'autre n'y donnoit pas moins. Après cela je crois qu'on ne s'éton- nera plus que le ménage du divin Socrate ne fût pas le plus tranquille du monde. Ariftote même (autre homme tout divin , mais d'une di- vinité bourrue & hériffée , qu'on ne fçavoit , & qu'on ne fçait encore au- jourd'hui par où prendre) Arifto- te tout dur qu'il étoit , s'atendriffoit merveilleufement quand il étoit en préfence de la belle Pytis. Que pla- ton comme les autres ait été fenfi- ble , je n'ai garde d'y trouver à re- dire : mais que ne s'en tenoit-il à quelqu'aimable perſonne, où alloit-il placer ſon cœur? Où alla-t-il déterrer cette Maitreſſe antique pour qui il ſoupira? Où alloit-il prendre que *les Amours & les Graces voltigoient dans ſes rides.* Etoit-ce ſur cette bouche flêtrie qu'il cueilloit ces baiſers délicieux dont il fait une peinture ſi vive, quand il dit que *ſon ame s'envoloit ſur le bord de ſes lévres, pour mieux en ſavourer les plaiſirs?* Ah! Monſieur, quand j'y penſe.... Mais laiſſons cela. Si je continuois à vous en parler, je ſerois en danger de ſortir du reſpect que je dois à notre divin Maitre. Revenons à nos images.

Vous voyez, Monſieur, que je ne ſuis pas dans de petits embarras ſur ce ſujet. La Converſation dont je viens de vous parler, me donna lieu de revoir Platon & ſes Diſci-

ples sur l'amour. Je vis que ceux
qui paroissent en parler le plus soli-
dement, en reviennent à certaines
idées du beau attachées à l'ame ; cela revient assez aux images infuses ;
& je vous avoue que toutes ces in-
fusions ont un air de Fable que j'ai
peine à digerer. Pourquoi d'ailleurs
ne pouvoir perdre de vue le beau ?
d'où vient cette fureur d'y vouloir
toujours ramener l'amour ? Quel si
grand rapport trouve-t-on entre ces
deux choses ? N'y auroit-il que le
beau qui fût capable de se faire aimer ? Platon même est une preuve
du contraire. Entre nous , Platon
n'étoit pas le plus bel homme de
son siecle ; avec sa taille racourcie,
son corps ramassé , & ses épaules
quarrées, il aima pourtant, & il fut
aimé.

Je finis en vous priant de vouloir

bien m'éclaircir dans mes doutes ;
& m'affermir dans ma doctrine. Je
suis l'homme du monde qui cherche avec le plus de bonne foi à se
persuader ; & je voudrois de tout
mon cœur que les Platoniciens pus-
sent avoir raison en tout. Je suis de
Platon, de ses Disciples, & de vous
en particulier.

Monsieur

Le très-humble, &c.

CHAPITRE III.

Sentimens des Péripatéticiens.

ARISTOTE le vénérable pere des Péripatéticiens, étoit le plus grand Philosophe & le plus grand brouillon de son tems. Il vouloit absolument parler de tout ; & quand il traitoit de ce qu'il n'entendoit pas, il avoit la prudence d'en parler en termes si obscurs, qu'il se rendoit inintelligible. Sa réputation étoit faite : on adoroit jusqu'à son obscurité.

Il ne connoissoit pas l'origine de l'Amour ; il voulut pourtant faire semblant de la connoître, il en parla ; mais il n'en parla pas assez obscurement. Malheureusement

pour lui on a deviné ce qu'il vouloit dire.

Il dit que la nature nous porte à
aimer le beau. Voilà son principe : & pour obvier à toute difficulté, il ajoute qu'il y a deux fortes
de Natures. L'une est *spécifique* (on
a compris que c'est celle qui inspire
tous les hommes en général) ; l'autre, *individue* (c'est apparemment
celle qui inspire chacun de nous en
particulier). Par le penchant que
nous donne la premiere, nous aimons le beau en général ; & par le
penchant que nous donne la secon-
de, nous aimons tel & tel beau en
particulier.

Je demande à Aristote pourquoi
j'aime *Cloé* plus que toute autre
Belle ; & Aristote me répond que
c'est ma nature particuliére, ma
nature individue qui me porte à

cela. Vous êtes admirable Aristote ! hé ! vous demande-je autre
chose , sinon pourquoi la Nature
me porte à aimer Cloé ? Je demande à un Médecin pourquoi je dors
les yeux ouverts ; & il me répond
que cela arrive , parce que je ne
les ferme pas. Ne dois-je pas être
fort satisfait d'une pareille réponse ?

Quelqu'autre entendra peut-être
finesse à l'espece & à l'individu d'A-
ristote ; pour moi j'avoue que je
ne puis me contenter de ces rêveries philosophiques.

J'aimerois autant en croire les
Poëtes, & prendre l'Amour pour
un Dieu. Je le mettrois tout nud,
je lui donnerois un bandeau, je le
fournirois de carquois, de flèches,
de flambeaux , je lui attacherois
deux aîles, & l'enverrois en cet
équipage mettre le feu à toute la

terre. Enfin je ferois comme les
autres , je le traiterois comme il
me traiteroit ; & je l'appellerois le
plus grand ou le plus petit des
Dieux , à proportion des bons ou
des mauvais services que j'en re-
cevrois.

Peut-être même donnerois-je
dans la folie de Mytologistes , &
peut-être ne réussirois-je pas mal
à déterrer des Mystéres, dans ces
vénérables bagatelles. Je dirois,
par exemple , que l'Amour n'est
demeuré nû , comme on nous le
représente encore aujourd'hui, que
parce qu'on n'a jamais pu déterminer de quelle condition l'habit lui
conviendroit le mieux ; vû les conquêtes étonnantes qu'il fait dans
toutes fortes d'états. Car l'Amour
se glisse partout, & sous le Voile,
& sous le Froc , & sous le petit
Manteau.   Au

Au moins cela vaudroit bien la
réflexion de je ne fçai quel Myto-
logifte, qui vous dit froidement
qu'on ne repréfente l'Amour nû,
que parce que ceux qui vont à fa
fuite s'appauvriffent, & deviennent
nûs comme leur Chef.

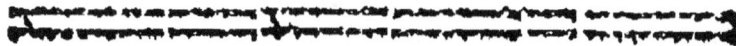

CHAPITRE IV.

Sentiment de Defcartes.

DESCARTES s'eft toujours an-
noncé comme un homme qui
n'admettoit que des vérités, & des
vérités frapantes qui entraînent néceffairement notre confentement.
Heureufement il a parlé des Paffions & de l'Amour. Voilà juftement mon Philofophe. J'aime à
ceder à la clarté de mes idées ; &

B

je hais ces vérités embarraffantes ;
qui vous laiffent toujours entrevoir
quelque raifon de douter.

Orné d'une imagination vive &
d'un génie hardi, Defcartes n'étoit
point homme à s'en tenir fcrupu-
leufement à ce qu'ont dit les Anciens : auffi tranche-t-il net fur leur
compte.

Il n'y a rien, dit-il fort fuccinte-
ment, *il n'y a rien en quoi paroiffe
mieux , combien les Sciences que nous
avons des Anciens font défectueufes ,
qu'en ce qu'ils ont dit des Paffions......
ce qu'ils en ont enfeigné , eft fi peu de
chofe. & pour la plûpart fi peu croya-
ble, que je n'ai aucune efpérance d'approcher de la vérité , qu'en m'éloignant des
chemins qu'ils ont fuivis.*

Que Defcartes me plaît, quand
je le vois confiderer les chofes de
toute autre façon que le refte des

hommes ! Que j'aime cette har-
diesse, & que je conçois une haute
idée des découvertes qu'il va faire.
Dites-nous, Descartes, dites-nous
promptement qu'est-ce que l'A-
mour? D'où peut naître ce desir
ardent qui nous porte avec tant de
violence à nous unir à l'objet que
nous aimons.

Cela vient, dit Descartes, *de ce
que la Nature a mis certaines impressions dans le cerveau, qui font qu'en
certain âge & en certain tems, on se
considere comme défectueux, & comme
si on n'étoit que la moitié d'un tout
dont une personne de l'autre sexe doit
être l'autre moitié; en sorte que l'acqui-
sition de cette autre moitié est confusé-
ment représentée par la Nature comme
le plus grand de tous les biens imaginables.....de-là le desir d'acquerir
ce bien, & de s'en assurer la possés-*

B ij

fion; & c'est ce desir que nous appellons Amour.

Vous vous mocquez, Descartes : Quoi ! la Nature vous auroit inspiré que vous n'étiez pas un tout, & qu'il s'en falloit la moitié ? pour moi, je vous avoue que j'ai toujours cru que j'étois un tout bien complet ; & jamais il ne m'est tombé dans l'esprit le moindre doute sur cela. Apparemment que dans la Manufacture des Cerveaux, le mien a été négligé, & qu'on a oublié d'y mettre ces impressions dont vous parlez, Cependant je me sens très-capable d'aimer , mais sans doute que mon Amour irrégulier ne peut être qu'un jeu de la Nature.

Est-ce-là ce Philosophe, ami de la clarté, qui se promettoit de n'admettre rien que ce qui se conçoit,

clairement & distinctement. Quoi !
ces idées innées , ces représenta-
tions confuses, ces moitiés disper-
sées, cette réunion tant souhaitée ,
cette exactitude scrupuleuse de la
Nature , qui , pour faire son coup ,
attend un certain tems précis, sans
l'anticiper ni le retarder; toutes ces
choses sont-elles si claires d'elles-
mêmes, qu'elles méritent d'être ad-
mises, comme autant de vérités frapantes & incontestables ?

Si Descartes eût toujours suivi sa
méthode, & qu'avant de décider,
il eût comparé ce raisonnement ,
*la Nature me porte à m'unir à Cloé,
donc la Nature m'inspire que je ne suis
que la moitié d'un tout , dont Cloé est
l'autre moitié.* Si , dis-je , il eût comparé ce raisonnement avec celui
qu'il avoit choisi , pour servir de
régle aux autres ; *je pense , donc j'exis-*

B iij

te ; il eût senti toute la force de celui-ci, & tout le foible de celui-là. Sa méthode l'eût sauvé, & il n'auroit pas donné dans le travers ; mais ayant perdu son guide, il s'égara, & ne put sortir de l'embarras où il étoit, qu'en délabrant le genre humain , & en réduisant les hommes & les femmes à autant de moitiés.

Ainsi Descartes n'est plus Descartes , quand il parle d'Amour. Non seulement il abandonne cette netteté & cette évidence qui nous assurent de la réalité des choses, & à quoi il s'étoit proposé de ramener toutes ses décisions ; mais encore il en revient à l'opinion de ces gens qu'il a pris soin de décrier lui-même, de ces gens d'une science vacillante & défectueuse ; en un mot à l'opinion des Anciens. On peut voir le fentiment de Defcartes, détaillé fort au long dans Platon.

L'homme & la femme , felon Platon, n'étoient pas autrefois deux perfonnes diftinctes & féparées , comme ils font aujourd'hui. Ils étoient unis l'un à l'autre , & ne faifoient qu'un, & cette efpece de créature s'appelloit *Androgine*. La Terre fut long-tems habitée par ces Androgines ; mais le genre Androginique venant à fe deregler & à fe corrompre peu à peu, les Androgines porterent enfin l'infolence jufqu'à fe révolter contre Dieu , & vouloir efcalader le Ciel. Dieu vit avec indignation le deffein pervers de ces méchantes Créatures , & réfolut de s'en vanger avec éclat ; mais comme il confervoit encore un refte de compaffion pour

la race des Androgines, il ne voti-
lut pas les anéantir entièrement.
C'est pourquoi il résolut de les diviser, afin de les humilier en les
affoiblissant. Un Esprit exterminateur descendit du Ciel, & se saisif-
sant des Androgines, coupa chacun en deux portions, dont il nom-
ma l'une l'Homme, & l'autre la
Femme; ensuite réunissant les ex-
trémités des chairs & de la peau,
à l'endroit où la solution de conti-
nuité avoit été faite, il les lia vers
le milieu du corps, & forma cette
petite loupe, qu'on appelle *Nom-
bril*. Dieu voulut que cette maniere de cicatrice restât à tous les
hommes, & qu'ils eussent continuellement devant les yeux cette marque éternelle de sa vengeance &
du crime qui l'avoit attirée sur eux;
afin que ce souvenir les retint dans

la fuite des fiécles dans les bornes
de leur devoir , & les empêchât de
s'expofer une feconde fois aux ter-
ribles effets de fa colere. Ces effets
feroient bien funeftes aux Enfans
des Hommes ; car s'il nous arrive
encore une fois de vouloir efcalader le Ciel , le Dieu de Platon ne
manquera pas d'envoyer vers nous
fon Ange exterminateur , qui , pour
la feconde fois , nous fendra net
par le milieu du corps ; enforte que
chacune de nos moitiés n'auroit
qu'un œil , qu'une oreille , qu'un
bras , qu'une jambe , & marcheroit
à *cloche-pié.*

Les hommes n'étant plus que la
moitié de ce qu'ils avoient été auparavant , furent fenfiblement fra-
pés de cette défectuofité , & con-
ferverent toujours une extrême envie de fe réunir à leur autre moitié

qu'ils retrouvoient dans les Femmes. Les Femmes de leur côté, desiroient peut-être encore plus ardemment cette réunion.

Cette senfibilité, ces defirs paffant à leurs Enfans, de génération en génération font parvenus jufqu'à nous, & iront fans doute en defcendant jufqu'à nos derniers Neveux.

De-là vient qu'aujourd'hui l'Homme & la Femme, fentant bien qu'ils ne font que deux moitiés d'un tout, qui jadis a été defuni, tâchent de fe rejoindre, & de remettre le tout en fon premier état.

N'eft-ce pas-là le fyftême de Defcartes tout pur ? Pour moi, toute la différence que j'y trouve, c'eft que Platon dit en riant, ce que Defcartes dit très-férieufement ; du même fond, l'un a tiré une Fable, l'autre un Syſtême. La Fable & le Syſtême ſe valent bien, & l'un eſt auſſi réel que l'autre.

Mais paſſons quelque choſe à Deſcartes, & entrons plus avant dans l'intérieur de ſon hypothèſe. Suppoſons avec lui que la Nature inſpire à chacun de nous qu'il n'eſt que la moitié d'un tout, & lui montre au doigt où il pourra trouver l'autre moitié.

Voilà la Terre couverte de portions izolées. Toutes ces portions ſont toujours inquiétes, toujours mouvantes, & tendent ſans ceſſe à leur réunion. La Nature préſide aux aſſemblages de ces pièces déſunies, & fournit à chacune la moitié qui lui eſt propre. Car toutes moitiés ne s'ajuſtent pas toujours bien enſemble ; & malheur à celui qui ne connoiſſant pas celle qui

étoit la mieux proportionnée à la
sienne, s'unit avec une autre qui
n'étoit pas faite pour lui, & com-
pose un tout mal assorti, desavoué
de la Nature, mais que la rigueur
des Loix retient dans une union
forcée, sans agrément, sans plaisir,
sans goût. La Moitié qui convenoit
à Descartes étoit en Hollande ; heu-
reusement il y passa, il l'y rencontra, & la reconnut. Les Moitiés s'as-
semblerent, & de cette union sortit
une autre petite * Moitié. S'il n'eût
point passé en Hollande, il n'eût jamais goûté le plaisir d'une réunion
bien consonante.

Encore une fois toutes sortes de
Moitiés ne s'ajustent pas toujours
bien ensemble, nos cœurs l'éprou-

* Descartes eut en Hollande une Mai-
tresse, dont il eut une Fille, & pour
laquelle il fit jusqu'à des Vers.

vent tous les jours. Une tendance
naturelle nous emporte d'un côté,
une aversion insurmontable nous
écarte de l'autre. Ah ! si j'étois uni
à celle-ci, dit-on ...... plutôt la
mort que de m'unir à celle-là ...

Ainsi je remarque en nous deux
desirs. Un vague, par lequel la Nature nous porte à rejoindre chacun
notre Moitié ; l'autre déterminé,
par lequel elle nous porte à rejoindre telle Moitié, préférablement à
toute autre.

J'ai une forte idée que je ne suis
que la moitié d'un tout. Cette idée
me met dans un état violent, & me
fait desirer avec ardeur de me réunir à la portion qui me manque.
L'imagination frapée, & le cœur
tout en désordre, je pars, je cours,
je cherche cette autre portion. Autant de Femmes que je rencontre,

autant de portions du tout, dont je
fuis l'autre partie. Je regarde, j'examine, enfin je me fixe, & mon
cœur s'attache à celle de toutes ces
portions qui me paroît la plus con-
venable à la mienne. Pourquoi ne
s'attache-t-il pas à la premiere qui
fe préfente à mes yeux ? qui me
porte à choifir l'une plutôt que l'autre ? quelles font ces raifons de
convenance que je m'imagine appercevoir ?

Voici ce qu'en penfe Defcartes.
*Encore qu'on voye plufieurs perfonnes de
l'autre Sexe,* dit-il, *on n'en fouhaite
pas pour cela plufieurs en même-tems ;
d'autant que la Nature ne fait point
imaginer qu'on ait befoin de plus d'une
moitié. Mais lorfqu'on remarque quelque chofe dans l'une qui agrée davantage, que ce que l'on remarque en même-
tems dans les autres ; cela détermine*

l'Ame d'sentir pour celle-là seule toute
l'inclination que la Nature lui donne à
rechercher le bien qu'elle lui représente,
comme le plus grand qu'on puisse pos-
seder.

Cela est clair. Mon Rival est heureux ? c'est que celle que j'aime, remarque quelque chose dans lui qui
lui *agrée* davantage que ce qu'elle remarque dans moi ; c'est-à-dire, qu'il
plaît, parce qu'il plaît. Mais quelle
est cette chose qui frape dans lui ?
quels sont ces agrémens ?

Le principal agrément, dit Descartes, *consiste dans les perfections que l'on
imagine dans quelque personne de différent sexe.* Je ne conçois que deux
sortes de perfections ; l'une Corpo-
relle, qu'on appelle autrement Beauté, & qui se fait sentir à l'Ame par
les sens extérieurs : l'autre Spiri-
tuelle, qui regarde les qualités de

l'Efprit, & tout ce qui fe fait fentir à l'Ame par les fens intérieurs, par la raifon. Voilà, je penfe, toutes les perfections que nous pouvons remarquer dans une perfonne, mais nous ferons voir dans la fuite qu'elles ne conduifent pas à l'Amour. La beauté de l'Efprit donne de l'eftime ou de l'admiration, & rien plus. La beauté du corps frape les yeux, mais elle ne va pas toujours au cœur. Les plus belles Femmes ne font pas pour cela les plus aimées ; & les moins belles n'ont pas toujours le plus petit nombre d'Adorateurs. Il y a quelque chofe dans tout cela, que Defcartes n'a jamais bien entendu. En quoi donc confiftent les agrémens ? en quoi confiftent les perfections dont il parle ? Je n'en fçais rien ; fans doute il ne le fçavoit pas lui même.

J'ai toujours regardé Descartes
comme l'Envoyé de la vraie Philosophie. Il décredita les Anciens , &
il avoit raison ; ils s'étoient trom-
pés. Descartes étoit né pour préparer les voyes à la vérité : il étoit
donc de son devoir de faire remarquer leurs erreurs. Sa destination
étoit d'ouvrir les yeux aux Hommes , & de les disposer à reconnoî-
tre la vérité , quand elle viendroit
se montrer à eux. Comme bien
d'autres , il passa ses ordres , il voulut lui-même leur montrer cette vérité , & il ne leur montra qu'un
phantôme. Mais il avoit rendu les
Hommes trop clairvoyans : ils ne
s'y tromperent pas long-tems. On
s'étoit enhardi , comme il l'avoit
tant desiré , jusqu'à penser que les
Anciens s'étoient mépris en plusieurs occasions ; & enfin on poussa

la hardieſſe juſqu'à penſer qu'il s'é-
toit mépris lui-même.

Depuis ce tems nous attendons
à bras ouverts cette vérité qui tar-
de tant à ſe préſenter. Les nouvelles connoiſſances que nous ac-
queronsitous les jours, ſont comme
de petites lueurs qui percent dans
les ténébres. Quel eſt celui d'entre
les Hommes qui nous amenera le
grand jour ?

  De cent rencontres agréables
  Platon égaya ſes leçons ;
  Mais nous demandons des raiſons,
  Et Platon nous conte des fables.
  De ténébres environné
'Ariſtote, l'air ſombre, & le front rechigné,
Voulant parler d'Amour, & ne ſçachant
   qu'en dire,
  Nous étourdit, ſans nous inſtruire.
Que Deſcartes, s'il veut, en tombe ou
  non d'accord ;
Je ſuis un tout, mon ame en eſt perſuadée;
  Et la Nature auroit grand tort
  De m'inſpirer un autre idée,

C'eſt ainſi que dans nous l'Amour s'ou-
vre une route,
Où la Sageſſe ne voit goute ;
Le Philoſophe envain l'y cherche & le
pourſuit,
En attrapant le cœur, il échappe à l'Eſprit.

CHAPITRE V.

Sentiment des Sirpathiſtes.

JE demande aux Platoniciens,
aux Péripatéticiens, & aux Car-
téſiens, pourquoi je ſimpatiſe avec
la violette ? pourquoi toutes les autres fleurs ne me ſont rien en com-
paraiſon de celle-là ? pourquoi je
voudrois toujours en ſentir l'o leur.

Les uns me diſent, *C'eſt que chez
vous la violette ſe trouve ſemblable à
l'image d'une belle fleur qui a été infuſe
dans votre ame.*

Les autres, *C'eſt que votre Nature*
*

individue vous porte à aimer cette fleur
plus que toute autre.

Plus fingulier qu'eux tous , Defcartes me répond , C'est que la Nature vous infpire que votre odorat n'eft
que la moitié d'un tout , dont l'odeur de
la violette eft l'autre moitié : & comme
on tend toujours à faire un tout lien
complet , vous vaudriez que l'odeur de
la violette fût toujours préfente & unie
à votre odorat.

Les Simpathiftes viennent à leur
tour , & me difent : Il fe répand au
tour des fleurs des corpufcules odorifé
rens qui agiffent fur l'odorat. Les corpufcules qui fe répandent autour de la
violette , flattent plus votre odorat que
tous les autres ; & voilà pourquoi vou
aimez la violette plus que toute autr
fleur.

Voilà à peu près où j'en ai ét
réduit dans la recherche que j'e

faite de l'origine des inclinations;
J'ai vû que Platon expliquoit très-
obscurement une chose très-obscu-
re ; qu'Aristote n'amenoit à rien
avec ses natures spécifiques & indi-
vidues, & que Descartes débutoit
par une supposition fabuleuse. Enfin j'ai rencontré des gens (ce sont
les Simpathistes) qui m'ont parlé
net. Ils m'ont dit qu'il se répand
autour des Hommes & des Femmes des parcelles d'une matiere
invisible appellée matiere Simpati-
que ; que ces parcelles agissent sur
nos sens, & que cette action produit
l'inclination ou l'aversion, la simpathie ou l'anthipatie, ensorte que
quand la matiere Simpathique qui
se répand autour d'une femme, par
exemple, fait une impression agréable sur les sens d'un homme ; dès-
lors cette femme est aimée de cet

homme. Ils m'ont expliqué clairement tout cela. Je les ai écoutés
avec plaifir , parce que je les en-
tendois ; & j'en écris ce que j'en ai
appris , parce que je m'imagine
qu'on le lira avec le même plaifir.

Il y a des gens qui fe laiffent
convaincre un peu trop facilement.
La plus légere apparence les ébran-
le , après quoi la moindre preuve
les entraîne. Il y en a d'autres au
contraire , à qui il faut des démonf-
trations pour les perfuader ; fi vous
ne leur montrés tout au doigt & à
l'œil , vous n'en viendrez jamais à
bout : ce font des gens durs , des
efprits revêches , des raifonneurs
intraitables , qui, quelque convain-
cus qu'ils foient, ne vous donnent
jamais leur aveu qu'en grondant ,
& douteroient volontiers de tout.
Ces deux extrêmités font égale-

ment condamnables. Il ne faut pas
croire à la légere ; il ne faut pas non
plus réſiſter avec opiniâtreté à ce
qui nous paroît vrai. Il y a un certain milieu où je voudrois que mon
Lecteur ſe plaçât, & je ſerois preſque ſûr d'en faire un Simpathiſte.

CHAPITRE VI.

La matiere Simpathique.

IL ne faut pas toujours en croire
ſes yeux. Il y a bien des choſes
à voir au-delà des objets où ſe termine notre vûe ; que de nouveautés
à conſiderer, ſi jamais nous étions
pourvus d'aſſez bons yeux pour les
appercevoir ! nous ſerions comme
autant d'aveugles-nés à qui on viendroit de donner la vûe. Le monde

deviendroit pour nous un spectacle
tout nouveau ; & nous ne re-
connoîtrions aucuns des objets que
nous voyons actuellement, tant
nous y trouverions de différence.
Malheureusement cette vûe subtile
nous manque, & selon l'apparence,
nous manquera toujours ; tout ce
que nous pouvons faire, c'est d'examiner certains événemens, de com-
biner certaines expériences, & de
conclure d'une façon à satisfaire
l'esprit, & non pas les yeux, qu'il
existe bien des choses que nous ne
pouvons voir.

C'est ainsi qu'on a découvert qu'il
se répand autour de chacun des
hommes & des animaux une vapeur
subtile & invisible, que les Médecins ont nommée matiere transpi-
rante.

Mille expériences ont conduit à
cette

cette découverte. Par exemple, on
a remarqué qu'en portant la main
fur quelque matiere dure, froide
& polie, comme fur une affiete, fur
un verre, fur une table de marbre,
fur une glace ; la matiere tranfpirante qui fe répand au-dehors de fa
main, s'attache à ces corps, & y
forme des taches. Il arrive fouvent
qu'en approchant fa tête d'un mur
expofé à l'ardeur du foleil, on voit
fur ce mur l'ombre de la matiere
tranfpirante qui s'exhale de la tête.
L'air qui fort des poumons dans la
refpiration, eft chargé d'une grande
quantité de matiere tranfpirante,
dont les parties aqueufes venant à
fortir de la bouche, font en hyver
refferrées par le froid, & s'affem-
blent en affez grande quantité pour
former une vapeur fenfible à la
vûe. Ces faits, & quantité d'autres

prouvent l'exiſtence de la tranſpiration, c'eſt-à-dire, d'une matiere
qui s'exhale continuellement de
nous.

Lewenhoek faiſant ſes réflexions
ſur ce qu'il s'échapoit de nous des
corpuſcules ſi déliés qu'ils étoient
inviſibles, ſentit bien que pour cela
il falloit que notre corps fût percé
d'une infinité de petites ouvertures, qui puſſent donner paſſage à
ces corpuſcules. Pour s'en éclaircir, aidé d'un Microſcope, il lor-
gna ſa peau avec tant d'attention
& d'exactitude, qu'il vit & compta
juſqu'à cent vingt-cinq mille petites ouvertures ou petits vaiſſeaux
tranſpirables, dans l'eſpace ſeul de
la peau que peut couvrir un grain
de ſable.

Un célébre Médecin de Padoue,
nommé Santorius, pouſſa encore

plus loin l'esprit de curiosité. Il
s'avisa de faire construire une grande balance à la Romaine, qu'il sus-
pendit au plancher d'une sale ; d'un
côté de cette balance étoit un fauteuil, & de l'autre le poids qui
devoit le balancer : ensorte que
Santorius assis dans son fauteuil, &
mis en équilibre, étoit suspendu à
deux ou trois pouces du pavé.

N'allez pas rire de notre Médecin aërien : cramponné sur cette
Chaise philosophique, il va bientôt
faire les plus belles découvertes du
monde.

Santorius ainsi balancé se faisoit
apporter à manger ; à mesure qu'il
mangeoit, son poids s'augmentoit
par la pesanteur des alimens qu'il
prenoit. Le fauteuil baissoit peu à
peu, & enfin prenoit terre ; après
quoi Santorius cessoit de manger ,

demeuroit affis , & attendoit tran-
quillement qu'il plût à la Nature
lui donner les éclairciffemens qu'il
cherchoit.

A quelque tems de-là notre Médecin devenoit moins pefant. Le
contrepoids l'emportoit, le fauteuil
perdoit terre , & fe relevoit. Alors
Santorius raifonnoit ainfi : *J'ai perdu
de ma pefanteur , puifque mon fauteuil
s'eft relevé ; cependant j'ai fur moi les
mêmes habillemens , & tout ce que j'a-
vois auparavant : il faut donc que ce
foit une partie de moi qui fe foit écha-
pée de moi-même ; il faut que j'aye perdu
de ma propre fubftance , & comme je n'ai
rien vû ni fenti de cette perte , il faut que
cela foit arrivé par une évaporation in-
fenfible. Notre corps exhale donc une
matiere qui eft invifible , parce qu'elle
eft extrêmement rarefiée.* Outre cela ,
il examina à combien fe montoit

cette perte, & quelle quantité de
lui-même lui échapoit par la tranfpiration ; quelles caufes l'augmen-
toient, la diminuoient, l'éteignoient
entiérement ; en un mot il appro-
fondit la matiere.

Voilà comme Santorius pourvû
d'une patience vraiment philofo-
phique, mangeant par poids & par
mefure, immobilement affis fur une
Chaife balancée, découvrit les fe-
crets les plus intimes de la tranfpiration.

Quand on connut à fond la tranfpiration, on ne manqua pas de lui
attribuer quantité d'effets, dont on
ignoroit la caufe. Peut-être lui en
attribua-t-on beaucoup plus qu'il ne
lui en appartenoit ; quoi qu'il en
foit, les épuifemens, les foiblefles,
quantité de maladies, la mort même, tout cela dans bien des cir-

conflances fut ramené à une tranfpiration plus ou moins abondante.

Quand les Médecins eurent pouf-
fé leurs découvertes jufques-là, ils
n'avancerent plus. Ils avoient examiné les effets que pouvoit produire
la matiere tranfpirante, en tant
qu'elle s'exhale de nos corps ; &
ils crurent que quand elle eft une
fois exhalée & répandue au-dehors,
elle ne les regardoit plus ; ainfi ils
l'abandonnerent-là.

Les Simpathiftes ont pris la matiere tranfpirante précifément où
les Médecins l'avoient laiffée, c'eft-
à-dire, quand elle eft exhalée &
répandue au-dehors, & l'ont nommée *matiere Simpathique :* ils ont examiné fa nature, & voici ce qu'ils
ont ftatué fur cela.

CHAPITRE VII.

Nature de la matiere Simpathique.

NOus pouvons regarder la matiere Simpathique comme une
espece de vapeur ou de poussiere
subtile & invisible, qui se répand
autour de chacun des hommes &
des animaux. Car les animaux ont
leur matiere Simpathique, aussibien
que nous : ils ont leur transpiration, & la matiere Simpathique n'est
autre chose que la matiere Tran-
spirante.

Dans cette matiere Simpathique,
dans cette Poussiere, il y a des parcelles, des grains de différens vo-
lumes ; il y en a d'assez grossiers
pour faire une ombre sensible au

Soleil, comme nous avons vû; &
il y en a de fi fubtiles, qu'on les
peut comparer aux globules de la
lumiere.

Que cette extrême exiguité des
parcelles de la matiere Simpathique
ne vous étonne pas. Nous voyons
des corps animés qui font lumineux, & qui ne le font, felon la
moitié des Philofophes pour le
moins, que parce qu'ils répandent
autour d'eux des corpufcules affez
déliés, & pourvus d'un mouvement
affez violent, pour fraper la vûe.
C'eft ainfi qu'un chat, dont on
frotte le poil avec force, jette des
flammes dans les ténébres. Vers la
fin de l'été nos campagnes font ta-
piffées de petits vers luifans, qui
pendant la nuit fe font appercevoir
de fort loin. Il y a certains cantons
de la Chine où les arbres font quel-

quéfois chargés de Moucherons
lumineux, & l'on a parlé long-tems
de je ne fçai que l'Etranger, qui en
fe frottant la jambe en faifoit jallir
des rayons de lumiere ; aïnfi puifque la lumiere même fort quelquefois de nos corps , qui pourroit
nous empêcher de croire qu'il s'en
exhale habituellement des corpufcules, dont la fubtilité approche
fort de celle de la lumiere. Voilà de
quoi convaincre la moitié du monde
Philofophe , je veux dire les Newto-
niens , & voici de quoi perfuader
les autres.

Lewenoeh a découvert dans la
peau cent vingt-cinq mille petites
ouvertures dans l'efpace feul que
peut couvrir un grain de fable. Mais
les Phificiens conviendront que
toutes ces ouvertures font des pré-
cipices en comparaifon des autres.

infiniment plus petites que Lewe-
nock ne pouvoit appercevoir. A
quoi bon, je vous prie, ces infiniment petits pores, s'ils ne font def-
tinés à l'écoulement des parcelles
les plus déliées de la matiere Simpathique ? Et fi réellement ils donnent paffage à ces parcelles, qui
peut contefter qu'elles ne foient auffi
fubtiles que la lumiere ? Car enfin
quelque mince qu'on fuppofe un
globule de la lumiere, j'aurai toujours raifon d'admettre dans notre
peau des pores par où il auroit de la
peine à paffer, & par où pourtant
il paffe des corpufcules de la matiere Simpathique.

Enfin la matiere ethérée, dont il
a plu à Defcartes de remplir tout
l'univers, paffe avec une rapidité
extraordinaire, & une aifance fur-
prenante à travers les mixtes les

plus denfes. Cet efpece de torrent en traverfant nos corps , doit en détacher continuellement de petits fragmens , & l'on conçoit que ces fragmens doivent être d'une ténuité au-delà de l'imagination.

Il s'échape donc réellement de nos corps des particules de la matiere Simpathique qui approchent fort de l'exiguité des globules de la lumiere ; il s'en échape encore d'aſſez groſſieres pour faire ombre au So-leil. N'eſt-il pas naturel de penſer qu'il s'en échape auſſi qui ne font ni ſi ſubtiles que les premieres, ni ſi groſſiéres que les dernieres , & qu'entre ces deux extrêmités, il y en a une multitude infinie de diffé-rentes maſſes ?

Les matieres Simpathiques des hommes font différentes entr'elles ; enforte que la matiere Simpathique

dé l'un n'eſt pas préciſément de la
même nature que la matiere Simpathique de l'autre. Cela ſe remarque clairement par les odeurs qui
ſe répandent naturellement autour.
de nous, & qui ſont ſi différentes
les unes des autres ; car ces corpuſcules odoriférens ſont portion de
la matiere Simpathique. Les habits
qu'Alexandre le Grand avoit por-
tés, ſe ſentoient long-tems d'une
odeur ſuave qui s'exaloit naturellement de lui. M. d'Olois dans ſes
diverſes Leçons, fait mention d'un
Etranger qui communiquoit une
odeur de Civette à la main qui le
touchoit ; & M. de S... parle de
quelqu'un qui ſentoit merveilleuſe-
ment bon, quand il étoit malade.
Il ne faut avoir recours qu'à l'O-
dorat, pour être convaincu que
bien des matieres Simpathiques ne

reſſemblent pas à celles-là.

Le jeu merveilleux de tous les reſſorts du corps humain a pour but principal la formation d'un ſuc doux & balſamique, propre à nourrir & entretenir les parties. Dans les jeunes gens qui jouiſſent d'une parfaite ſanté, la Nature pourvûe des reſſorts les mieux diſpoſés, & des humeurs les plus convenables, forme une plus grande quantité de ce ſuc qu'elle n'en a beſoin. Elle en employe une partie à ſa deſtination, & rejette le ſuperflu par les pores qui ſe trouvent dans l'habitude du corps ; ainſi une quantité conſidérable de ce ſuc ſe répand au-dehors, & va faire portion de la matiere Simpathique.

Dans les Vieillards les reſſorts ſont uſés, les humeurs ne ſont point convenables. La Nature toujours

inquiéte & active, a beau travail-
ler, elle ne peut préparer qu'une
très petite quantité de suc nourricier : bien loin qu'il s'en échape
au-dehors , il ne s'en trouve pas
même affez intérieurement, pour
fournir à la nourriture des parties.

Quelques Médecins obfervant la
furabondance de ce suc précieux
dans les jeunes gens , & le défaut
de ce même suc dans les Vieillards , ont voulu compenfer la di-
fette des uns , par le fuperflu des
autres. Dans cette vûe , ils font placer dans le lit d'un Vieillard caduc ,
une perfonne du Sexe , belle , jeune , & pleine de fanté ; alors le feu
de la jeuneffe fait fondre les glaces
de la vieilleffe. La matiere Simpathique de cette eune Perfonne ,
porte la vie dans les canaux épuifés
du Vieillard exténué , & va ranimer

ſes nerfs engourdis : c'eſt par ce moyen que les Iſraëlites prolonge-rent les jours languiſſans de leur Roi David.

Quelle différence n'y a-t-il donc pas entre la matiere Simpathique d'une Perſonne qui jouit des avan-tages du bel âge , & celle d'une Perſonne qui ſuccombe ſous les in-firmités inſéparables de la vieilleſ-ſe ? L'une eſt animée par tout ce qu'on peut imaginer de plus pur dans les humeurs du Corps hu-main : c'eſt pour ainſi dire, un ex-trait de la vie même. L'autre eſt un amas d'impuretés qui réſulte de la corruption : c'eſt un fardeau dont la machine affoiblie tâche de ſe décharger.

Il y a des Sauvages qui ont l'o-dorat ſi exquis , qu'ils peuvent pour-ſuivre à la piſte un Homme conſi-

dérablement éloigné d'eux. Il faut
pour cela qu'ils trouvent de la différence entre la matière Simpathique de celui qu'ils pourſuivent , &
celle des autres Hommes.

On a remarqué que bien des
Chiens de chaſſe , cherchant leur
Maître dans une Foire , paſſoient
préciſément par les mêmes endroits
où il avoit paſſé. L'odorat guidoit
ces Animaux , ils ſaſſiſſoient la différence qui étoit entre la matière
Simpathique de leur maître , & celle
de la multitude , dont ils étoient
environnés.

Je ne vous parlerai point des
vertus de la Baguette divinatoire ,
qui dans certaines circonſtances
tourne préciſément ſur la matière
Simpathique , dont elle a été imbue
quelque tems auparavant. Peut-
être prendriez-vous cette vertu pour

une fable , & peut-être auriez-vous raison.

Quoi qu'il en soit , il n'y a pas un Médecin qui ne m'avoue que , fuivant nos différentes complexions, nos différens tempéramens , il doit tranfpirer de nous des matieres Simpathiques différentes;& comme à peine trouvera-t-on deux hommes qui foient précifément du même tempéramment , à peine auffi trouvera-t-on deux matieres Simpathiques qui foient précifément de la même nature;

Par la même raifon nous trouverons une différence effentielle entre la matiere Simpathique des Hommes , & celle des Femmes ; car il y a une différence effentielle entre leurs complexions : & comme le tempéramment de telle Femme ne reffemble pas à celui de telle autre ,

la matiere Simpathique de celle-ci
ne fera pas non plus précifément
de la même nature que la matiere
Simpathique de celle-là.

Veut-on une comparaifon ? La
matiere Simpathique des hommes,
eft à peu près à la matiere Simpathique des Femmes, ce que l'odeur
qui fe répand autour des Œillets,
eft à l'odeur qui fe répand au tour
des Rofes.

On conçoit d'abord qu'il y a une
grande différence entre l'odeur de
l'Œillet, & celle de la Rofe ; & il
ne faut qu'un odorat médiocrement
fubtil, pour fentir qu'il y a auffi
beaucoup de différence entre les
odeurs qui fe répandent autour de
différens Œillets, de différentes Rofes. L'Œillet velouté, le blanc, le
rouge, le violet &c. La Rofe de
Damas, l'incarnate, la blanche, la

jaune, la verte &c. Chacune de ces Fleurs a une odeur qui lui est particuliere. Que dis-je ! La Rose a des parties plus odorantes les unes que les autres, & telle en certain tems répand une odeur suave, qui dans un autre languit, & ne flatte plus notre odorat.

Il est aisé de rapprocher la comparaison. Une Femme qui se passe, est une Rose qui se flêtrit & se desseche. Une Vieille qui se farde est à peu près une Rose en peinture, où l'odorat n'a rien à profiter. Telle autrefois belle ne plaît plus, & sa phisionomie s'est extrêmement altérée depuis qu'elle passe les bornes de la coquetterie. C'est une Rose qui étoit dans toute sa beauté quand elle fut cueillie ; en passant dans plusieurs mains, elle s'est fanée, & elle n'a plus de quoi plaire à la vûe ni à l'odorat.

Nous avons examiné la nature de la matiere Simpathique, nous allons maintenant examiner les organes des sens sur qui elle doit agir. Mais auparavant il faut que je vous fasse part de la Lettre suivante. Elle a été écrite au sujet d'un Simpathiste, & elle regarde la différence des matieres Simpathiques.

A MONSIEUR * *

MONSIEUR,

Il y a ici un Homme bien singulier, & qui a des opinions bien étranges au sujet de cette matiere atténuée, qui s'exhale de nous dans la transpiration, & qu'il appelle matiere Simpathique.

L'autre jour je me trouvai avec

lui chez M. de P... je ne fçai par
quel hazard on vint à parler de la
vertu des Filles, & des moyens de
l'éprouver. On parla d'abord des
indices que les Médecins en donnent ; on convint qu'ils étoient
très-incertains, & que fuivant leurs
principes, on peut très-facilement
radouber la virginité la plus déla-
brée, & la reftituer autant de fois
qu'elle fe perd. On fit mention de
la vertu de certaines herbes : mais
outre que ces herbes font fort ra-
res ; leur force de ce côté-là parut
très-fufpecte. On ne put croire
qu'une racine marquât exactement
la différence qu'il y a entre une Fille
& une Femme. Quelqu'un voulut
propofer le fecret des parfums &
des fumigations, dont parlent plufieurs Naturaliftes ; mais on n'en fit
que rire. Les fentimens fe réunif-

foient , & j'allois conclure haute-
ment que toutes les recherches
qu'on peut faire fur cela font inutiles , & que , comme dit le Sage ,
une virginité qui fe perd , eft fem-
blable à un oifeau qui s'envole , &
qui ne laiffe après lui aucunes traces de fon paffage : quand mon
Homme fingulier qui n'avoit encore
rien dit , prit la parole & ouvrit fon
fentiment en ces termes. Il y a de
la différence , dit-il, entre la matiere Simpathique d'une Fille , &
celle d'une Femme. Ce point n'eft
pas douteux , la raifon l'apuie , &
l'expérience du Docteur Graaf le
met hors de difpute. Il ne s'agit
donc que de connoître & de fentir
cette différence , pour diftinguer
l'une de l'autre , & fçavoir fi une
Fille eft véritablement telle. Il eft
vrai qu'il faut avoir les fens extrê-

mement subtils pour cela, & cette
délicatesse des sens se trouve rarement : mais la chose n'est pas sans
exemple. Démocrite le Législateur
d'Abdere, s'y connoissoit parfaitement, & ne s'y trompoit jamais.
Aussi avoit-ils les sens extrêmement
fins , & une grande connoissance
de la nature. Au lait d'une Chevre,
il devinoit de quel poil elle étoit ;
& l'on dit qu'en goûtant de l'eau
d'un puits, il annonça un tremble-
ment de terre , qui ne manqua pas
d'arriver quelque tems après. Ainsi
suivant les impressions que la matiere Simpathique d'une personne
du sexe faisoit sur lui, il en portoit
un jugement sûr. Un jour il rencontra une Abderitaine , qui étoit
mariée du jour précédent : il la
salua , & lui dit, *Dieu vous garde
Pucelle* ; & réellement elle l'étoit

encore. Il la rencontra auſſi le len-
demain; elle étoit Femme, & il la
ſalua comme telle. Il diſtinguoit à
merveille les virginités bien affer-
mies, des virginités mourantes, &
qui ne tenoient preſque plus à rien.
Bien plus, à la matiere Simpathique
d'un enfant, il connoiſſoit quel en
étoit le pere. Tout cela n'aidoit pas
mal à fournir de nouveaux ſujets à
ces ris continuels qu'on a toujours
admirés dans lui. Dès le matin il
commençoit à rire, continuoit toute la journée, & ne prenoit de repos pendant la nuit, que pour ſe
préparer à mieux rire le jour ſui-
vant. C'étoit un rieur perpétuel. Le
vulgaire s'imagine que Démocrite
rioit des vaines occupations de ſes
concitoyens, du vuide de l'Eſprit
humain, de la folie des Hommes.
C'eſt faire rire Démocrite, de ce
dont

dont il auroit dû pleurer. Permet-
tez-moi de vous détailler quelques-
unes des circonstances où il se trou-
voit à chaque instant ; & vous verrez par-là s'il rioit sans sujet. Un
Abderitain venoit dire à Démocrite, » Graces soient rendues aux
» Dieux, ils me donnent un Héri-
» tier, j'ai un Fils. Je cours au
» Temple, je vais sacrifier à Jupi-
» ter ; j'ai assemblé ma Famille,
» j'ai préparé un Festin chez moi,
» allez-y, & partagez avec nous
» notre commune allegresse. « Démocrite partoit, en arrivant il trou-
voit un Enfant, dont le joyeux Abderitain n'étoit pas le pere. Alors
portant ses yeux de tous côtés, il
appercevoit un gros Esclave occu-
pé à servir les Conviés. C'étoit justement celui qui avoit donné lieu
à la Fête, & à qui le trop crédule

D

Abderitain avoit l'obligation d'être
pere. Une autrefois un Vieillard
alloit trouver Démocrite , & lui
difoit en pleurant, » Ce jeune Hom-
» me que vous voyez à côté de
» moi, eſt mon Fils. Il faiſoit l'eſ-
» pérance de ma Famille , & je le
» regardois comme le ſoutien de
» ma vieilleſſe. Je lui avois amaſſé
» cinquante talens ; je viens de
» faire naufrage , & j'ai perdu en
» un inſtant ce qui m'avoit couté
» une longue ſuite d'années à re-
» cueillir. Je ne ſçaurois ſurvivre à
» ma décadence. Je meurs, & en
» mourant j'ai la douleur de laiſſer
» un Fils réduit à la derniere mi-
» ſere «. Démocrite regardoit attentivement l'Enfant prétendu de
cet infortuné Vieillard, & il voyoit
que le bon homme mouroit de
ſhagrin de n'avoir pu enrichir le

Fils de son Voisin. Une jeune Abderitaine disoit à Démocrite, » Joi-
» gnez vos vœux aux miens ; im-
» plorez le Ciel pour moi. De ce
» pas je vais au Temple de Diane,
» lui consacrer ma virginité «. Démocrite la regardoit , & recon-
noissoit une Vierge ennuyée, qui
lasse de veiller sur une chose toujours prête à s'évanouir, vouloit se
décharger du fardeau sur Diane ,
qui selon l'apparence ne devoit pas
beaucoup la soulager. Alors levant
les yeux au Ciel, il prioit les Dieux
de donner à cette jeune Abderitaine ce dont elle avoit le plus de
besoin , un Mari. Il entendoit dire
à une autre : » Je me marie demain.
» Ma dot n'est pas considérable,
» & je n'enrichis pas mon Epoux ;
» mais je lui porte quelque chose
» de plus précieux que l'or. C'est

» un vrai Tréſor, mon Honneur «.
A ces mots Démocrite ouvroit les
yeux, & voyoit que l'Honneur
que cette future Epouſe faiſoit
ſonner ſi haut, étoit un bien dont
elle avoit été fort prodigue. Démocrite voyoit tout cela, & rioit. Qui
n'eût ri comme lui ? Si Héraclite,
le plus grand pleureur qui ait jamais
été, eût été témoin de ces choſes,
ſon front ſe fût aſſurément déridé,
& il eût éclaté comme un autre.

Je ne pouvois me laſſer d'enten-
dre cet Homme ſingulier. Je le
ramenai bien-tôt ſur la matiere Simpathique. Vous nous parlez-là, lui
dis-je, d'une matiere, qui d'elle-
même peut donner de grands éclair-
ciſſemens ; & c'eſt dommage que
nous n'ayons pas les ſens aſſez ſub-
tils pour en profiter. Très-grand
dommage, reprit-il ; mais il ne faut
pas ſe décourager. L'Art ſupplée

quelquefois à la Nature. Vous sça-
vez que le Loup est celui de tous
les Animaux qui a l'odorat le plus
fin, & la matiere Simpathique ne
peut faire sur lui que des impressions fort considérables. Un de mes
Amis en a apprivoisé un, & l'a si
bien dressé à marquer par certains
signes, quand la matiere Simpathique d'une Femme frape son odorat, que maintenant il détermine
à coup sûr, jusqu'où va la vertu de
toutes les Filles, dont il approche.
C'est un jeune Loup fort doux, &
très-bien civilisé ; mais malgré tout
cela, il est encore plus à craindre,
pour certaines personnes, que les
Loups les plus farouches.

Mon Homme singulier étoit en
train, sans doute il en auroit dit
bien davantage : mais un Domesti-
que vint l'avertir qu'il y avoit com-

pagnie chez lui, & qu'on l'attendoit ; ainsi il prit congé, & partit.
M. de P!... alla le conduire, & un
moment après rentra en difant, il
nous a bien parlé des autres, mais
il ne nous a rien dit de lui. C'eft un
très-zélé fectateur du Simpathifme,
un homme à nouvelles découvertes,
s'il en fut jamais. Attentif aux plus
petites chofes qui fe paffent devant
lui, il a fans cesse l'œil au guet, &
rien de ce qui a le moindre rapport à la matiere Simpathique, n'é-
chape à fes recherches curieufes.
Entre autres chofes, il a remarqué
que, quand un Chien s'approche
d'une Femme, il fait certains mouvemens, certaines grimaces qu'il
ne fait point quand il approche
d'une Fille. C'eft que leur matiere
Simpathique fait des impreffions différentes fur l'odorat de cet Animal.
Par-là notre Simpathifte s'eft mis

en état de juger sainement & facilement , de la chose du monde la
plus difficile à connoître. Il a déjà
fait part de sa découverte à quelques-uns de ses Amis ; le secret
commence à s'éventer , & cela met
bien du monde en peine. Je con-
nois telle Fille , qui depuis ce tems
pâlit autant à la vûe d'un Chien ,
qu'à la vûe d'un Serpent. Malheur
à ces pauvres Animaux. Si l'expérience se divulgue & se vérifie , je
ne doute pas que pour le bien de
la Société , on ne publie un bel
Edit, par lequel on ordonnera de
mettre à mort tous les Chiens du
Royaume. En général la vertu des
Filles ne veut point être examinée
de trop près. Elle est comme ces
Statues qu'il faut regarder de loin ,
pour les trouver belles. . . . je suis ,

   Monsieur ,

         Votre &c.

CHAPITRE VIII.

Organes des Sens.

J'AI lû quelque part, que Descartes plein des idées qu'il s'étoit formées au sujet de la composition du corps humain, voulut essayer de faire un homme à ressorts, suivant les principes qui étoient le fondement de son système. Il mit la main à l'œuvre, & après beaucoup de tems & de travail, il l'acheva avec quelque succès. Il étoit alors en Hollande, & il vouloit que ce nouveau fruit de son imagination passât en France. Il mit sa Machine dans une caisse, & la fit transporter dans un Vaisseau qui partoit incessamment pour la Rochelle. On

fit des défenses bien expresses à tous
ceux de l'Equipage d'oser ouvrir
la boëte. C'étoit justement les y
exciter d'avantage. Le Capitaine
avoit toujours l'œil sur la caisse
qu'on lui défendoit d'ouvrir, & à
peine étoit-il en pleine mer, que
ne pouvant plus vaincre sa curiosité
qu'en la contentant, il porta une
main indiscrete sur la boëte mysté-
rieuse, & l'ouvrit; Qu'arriva-t-il ?
Sitôt que l'air extérieur vint à dé-
ployer son élasticité dans la caisse,
& que la lumiere vint à ébranler
les petites fibres de la machine
vivante, voilà l'homme à ressors
qui roule les yeux, prononce quelques mots confus, s'agite, & entre
dans des mouvemens convulsifs. A
cet aspect, le Capitaine s'étonne,
s'épouvente, les cheveux lui dres-
sant à la tête. Enfin se recomman-

dant de tout fon cœur à Dieu , &
s'écriant , *Efprit immonde retire-toi
d'ici ,* il ferme la Caiſſe , la prend &
la jette à la mer , perfuadé que ce
qui étoit dedans , ne pouvoit être
autre choſe qu'un Diable , que quelque Magicien avoit lié par la force
de ſes enchantemens. Telle fut la
déplorable fin du grand œuvre de
Defcartes. Réparons en quelque
façon cette perte , & eſſayons de
faire une ſemblable machine.

Faiſons d'abord un amas aſſez
confidérable de petites fibres creu-
ſes , de petits canaux , dont les plus
gros foient beaucoup plus fins que
les cheveux les plus déliés. Sépa-
rons ces fibres les unes des autres ,
& faiſons-en cinq portions , pour
en former les organes des cinq
Sens.

Pour former l'organe du tou-

(83)

cher, prenons la plus grande de
ces portions, & arrangeons-la enforte qu'elle repréfente le corps
d'un homme. Que commençant
aux pieds, elle s'allonge pour former les jambes & les cuiffes ; qu'elle
fe réunifle pour former le tronc
jufqu'aux épaules : que là une partie s'écarte des deux côtés pour
compofer les bras ; que le refte fo
prolonge pour former le cou, & fe
dilate enfuite pour former la tête
& fes parties : qu'enfin les extrêmités de toutes ces fibres fe terminent
dans la cavité de la tête vers le fom-
met.

Pour former l'organe de la vûe ;
faifons comme deux petits cordons
de la feconde portion : qu'une de
leurs extrêmités s'attache au fon.l
de l'œil, & que l'autre s'enfonce
dans la tête, & aboutiffe, com-

D vj

me la premiere portion, dans le crâne.

Pour former l'organe de l'ouïe, faisons encore deux cordons de la troisiéme portion. Qu'une de leurs extrêmités s'attache dans la cavité de l'oreille, & que l'autre s'enfonce dans la tête, & se termine encore dans le crâne.

Enfin pour former l'organe de l'odorat, & celui du goût, des deux portions qui nous restent, que l'une s'attache à la langue, l'autre au nez ; & que toutes deux s'ouvrant un chemin dans la tête, se rendent au même endroit que les autres.

Réunissons maintenant toutes les extrêmités de ces fibres qui sont dans la tête, vers le sommet ; & formons en une masse molle, spongieuse, qui ressemble à la moile, & que nous appellerons cerveau.

Que le cerveau foit comme une
efpece de réfervoir ; dans ce réfervoir introduifons une liqueur très-
fubtile , que nous nommerons Efprit Animal. Que cette liqueur, partant du cerveau , fe répande dans
tous les petits canaux dont nous
venons de parler, enforte que, quand
elle fera parvenue à l'extrêmité d'un
canal, elle en retrouve un autre
qui la porte au réfervoir d'où elle
s'étoit écoulée, & d'où elle s'écou-
lera encore pour y revenir, & ainfi
continuellement ; de façon que ce
mouvement faffe une circulation
perpétuelle.

Donnons maintenant la derniere
main à notre figure d'Homme. Entre toutes les fibres dont elle eft
compofée , inférons des os , des
cartillages, des ligamens, des mem-
branes , de glandes, des mufcles

pour former les mouvemens, des veines & des artéres, pour fervir à la circulation du fang; en un mot n'oublions rien de tout ce que les Anatomiftes ont cru remarquer dans le Corps humain. Couvrons cette affemblage d'une peau. Donnons enfin du jeu aux différens refforts de cette machine, & voilà un Homme accompli : il ne lui manque que cette fubftance incorporelle, iné-tendue, immortelle qu'on appelle Ame, & que nous lui fuppoferons, fi on le veut.

A force d'affembler des mufcles & des os;
D'aranger nerfs fur nerfs, & canaux fur
 canau x
  Affermiffant tous les folides,
  Faifant circuler les fluides,
  Enfin nous avons, bien ou mal;
  Copié la machine humaine :
  Combien en font l'original,
  Et n'y prennent pas tant de peine;

CHAPITRE IX.

Fonctions des Organes des Sens.

TOus les canaux que nous venons de mettre en ordre, ne font faits que pour les approches des Corps, & cette multitude de fibres eſt deſtinée à leur preſſion. Ces fibres d'ailleurs font extrêmement fines, & délicates ; il faut donc leur trouver des Corps qui foient proportionnés à leur délicateſſe.

Le Soleil répand dans les vaſtes eſpaces qui l'environnent, un nombre infini de globules qui parcourent avec une viteſſe incompréhenſibles ces eſpaces immenſes, & paſſent avec la même rapidité à

travers l'air, l'eau & le criftal. On
a donné à ces globules le nom de
lumiere ; la lumiere donc, qui de
tous les Corps que nous connoif-
fons eft le plus fubtil, pourra agir
fur l'organe de la vûe, c'eft-à-dire,
fur les fibres dont les extrêmités
tapiffent le font de l'œil, qui de
toutes les fibres dont nous avons
parlé font les plus délicates.

Nous fommes plongés dans un
fluide, qui eft l'air, comme les
Poiffons font plongés dans l'eau :
L'air eft fi tranfparent, & eft compofé de parties fi minces, qu'il
échape à notre vûe. Ce fluide fera
très-propre à agir fur l'organe de
l'ouïe, c'eft-à-dire, fur les fibres
dont les extrêmités fe terminent
dans la cavité de l'oreille.

Il y a dans certains corps des
parties de fel & d'huile en abon-

dance ; ces parties sortant immé-
diatement de ces corps pourront
agir sur l'organe du goût, c'est-à-
dire, sur les fibres dont les extrêmités vont s'attacher à la langue.

Ces mêmes parcelles de sel &
d'huile se détachent quelquefois par
leur propre mouvement des corps
qui les contiennent, & cette évaporation arrive toujours dans les
corps odoriférens. Ces particules
devenues libres se répandent dans
l'air, & entourent le corps qu'elles
ont quitté. Dans cet état de liberté
elles pourront aller choquer l'orga-
gane de l'odorat, c'est-à dire, les
fibres qui aboutissent dans l'intérieur du nez.

Pour les nerfs qui se répandent
partout le corps, & qui composent
l'organe du toucher, il leur suffira
d'être pressés par les objets qui nous

(90)

environnent, qu'on appelle en général corps palpables.

Voilà autant de corps tout-à-fait
propres à frapper nos petites fibres ;
qu'arrivera-t-il quand ils les frappe-
ront ?

Tout corps qui pressera quelqu'un
de ces petits canaux, en aprochant
leurs parois les unes des autres, ré-
trecira le passage des esprits animaux qui y circulent. Le passage
ne peut être rétreci, que la portion
des esprits qui vient frapper les parois de son canal par lequel elle
ne peut plus passer, ne se réfléchis-
se contre sa voisine ; alors cette portion voisine se réfléchira sur celle
qui la touche, celle-ci, sur un autres, & ainsi de réflexion en réflexion, les esprits animaux viendront
à régorger au cerveau, qui est leur
réservoir ; & c'est ce que nous ap-

pelserons dans la suite reflux des efprits animaux.

Reprenons maintenant notre automate, ou plutôt notre nouvelle créature, l'homme que nous venons de former il n'y a qu'un moment. Ouvrons-lui les yeux, préfentons-lui quelqu'objet, une orange, par exemple. Que doit-il arriver? Les globules de la lumiére émanés du Soleil ou de quelqu'autre corps lumineux que ce puiffe être, frappent l'orange & fe réfléchiffent rapidement de tous côtés, femblables à des balons qui lancés avec force contre un mur, fe réfléchiffent impétueufement de toutes parts. Il y aura donc une portion de ces globules qui dans fon chemin rencontrera les yeux de notre nouvelle créature, & comme ces globules fort extrêmement fubtils, ils paffe-

ront à travers les tuniques & les hu
meurs de l'œil , & iront s'arrange
sur l'extrémité des nerfs qui com
posent l'organe de la vue. Voil
donc la lumiére qui frappe un
portion de nos petits canaux. Le
passages s'étrecissent , les esprits ré
fluent au cerveau , & ce reflux a
vertit l'ame toujours attentive à c
qui se passe dans le cerveau , de
présence de l'orange. C'est ce qu
les Philosophes appellent sensatic
de la vue.

Mais déja notre Automate s'e
saisi de l'orange , & la tient dans
main. La superficie de l'oran
presse les fibres qui sont répandu
dans sa main ; il se fait un reflux d
esprits animaux , & l'ame a la se
sation du toucher.

Cependant notre nouvelle cr
ture en respirant attire l'air qui c

vironne l'orange. Cet air eſt chargé
de parties de ſel & d'huile qui ſe
ſont détachées de l'orange , & ſe
ſont répandues au tour d'elle. Il les
entraîne avec lui , & en paſſant par
le nez pour aller rafraîchir les poumons , il les dépoſent ſur les nefs
qui compoſent l'organe de l'odorat. Voilà donc la matiére deſtinée
à cet organe , qui en frappe les fibres. Il ſe fait donc un reflux qui
doit exciter dans l'ame la ſenſation
de l'odorat.

Coupons cet orange , mettons-
en une tranche dans la bouche de
notre Automate. Qu'il baiſſe la ma-
choire inférieure , & qu'il la rapro-
che enſuite de la ſupérieure , pour
écraſer cette tranche. Voilà les ſucs
qui ſe répandent ſur ſa langue. Les
parties de ſel & d'huile qu'ils contiennent , frappent les fibres qui

composent l'organe du goût, il se
fait un reflux, & l'ame a la sensation du goût.

Mais notre Automate léve la tê
te, il écoute attentivement, il entend le son d'une cloche. Le bat-
tant met les parties insensibles de la
cloche en mouvement. Ces parties
émues communiquent (si l'on veut)
leur mouvement à l'air qui envi-
ronne la cloche ; cet air le communique à son tour à celui qui le touche ; celui-ci, à celui qui le suit ,
& ainsi successivement jusqu'à l'air
qui est enfermé dans l'oreille de notre Automate. Cet air intérieur ainsi
pourvu de mouvement, frappe enfin les nerfs qui composent l'organe de l'oreille, il se fait un reflux ;
& ce reflux excite la sensation de
l'ouie.

Imaginez-vous maintenant que

nous fommes tous autant d'Auto-
mates, fur qui la lumiére, l'air, les
corps favoureux, odoriférens & palpables, agiffent, comme fur celui
dont nous venons de parler; & vous
voilà, (au moins felon l'idée de
beaucoup de gens) au fait de la nature de nos fens & de leurs fonctions.

Quant au plaifir & à la douleur
que nous reffentons fouvent à l'oc-
cafion des fens, on peut dire en
général que tout corps qui en frappant les organes, en chatouille les
fibres, donne du plaifir; & qu'au
contraire tout corps qui en frappant les organes, en tiraille ou en
déchire les fibres, caufe de la douleur. Un corps qui en les frappant,
ne le chatouillera ni ne les déchire-
ra, ne caufera ni plaifir ni douleur.

Au refte (à vous parler ingenuement) la defcription que nous avons faite des organes des fens, n'eft peut-être pas d'après nature ; ce que nous avons dit enfuite de leurs fonctions, n'eft peut-être pas plus conforme à la réalité. Peut-être qu'en adoptant un autre fyftême, nous nous ferions encore plus écartés du vrai. En cela comme en bien d'autres chofes, la nature fe pratique des routes obfcures où le Phificien appuyé fur les meilleurs principes n'avance qu'en tatonnant; fes propres lumieres ne fervent alors qu'à l'éblouir, & une incertitude cruelle l'accompagne par tout. Les fyftémes qui s'offrent à lui fervir de guides, ne font le plus fouvent que fe jouer de fa curiofité. Ce font des trompeurs qui promettent beaucoup, & tiennent peu. Pour une vérité qu'ils femblent vous décou-

vrir,

vrir , ils font naître à l'inftant cent
doutes qui l'obfcurciffent.

» Quel corps frappe mes yeux ?
» (dira par exemple un Philofophe
» en confidérant le Soleil) Eſt-ce
» uné matiére émanée de cet Aſ-
» tre? Eſt-ce un corps intermédiai-
» re & dont l'exiſtence ſoit indé-
» pendante de lui ? Quel quil ſoit,
» quelle impreſſion fait-il ſur mon
» organe ? Ne fait-il que preſſer les
» extrêmités des nerfs , ne leur im-
» prime-t-il point un mouvement
» de tremouſſement? Ces filets ner-
» veux font – ils ſolides , font-ils
» creuſés & remplis d'eſprit ani-
» mal ? Qu'appelle-t-on eſprit ani-
» mal ? Eſt-on bien ſûr de ſon exiſ-
» tence ? S'il exiſte, & qu'il ſoit ſuſ-
» ceptible des impreſſions des ob-
» jets extérieurs, par quelle mécha-
» nique porte-t-il ces impreſſions-

E

» au cerveau ? Est-ce par un mou-
» vement de reflux, est-ce par un
» mouvement de vibration ? Quel-
» le est son action sur le cerveau ? y
» forme - t - il des traces, ne fait-il
» qu'y ébranler des fibres ? » Questions indissolubles, qui resteront à
jamais dans l'obscurité.

Je dirai encore un mot des systêmes. Les systêmes sont des maladies d'esprit, qui regnent par con-
trées, & par saisons. En Angleterre
on s'imagine être plongé dans le
vuide de Newton ; en France on
croit être environné du plein de
Descartes. Depuis long-tems l'air
passoit pour être pesant & élasti-
que ; aujourd'hui le bruit commence à courir qu'il n'a point de pesanteur, & il pourroit bien ne lui
rester que son élasticité. Autrefois
tout fermentoit dans le Corps hu-

main : les Médecins partoient de-
là pour expliquer tous les phéno-
menes ; maintenant la fermenta-
tion est en décri, chaque chose a
son tems , les humeurs ne fermen-
tent plus.

Quel fond devons-nous donc
faire sur des idées si peu solides ?
Les rejetterons-nous toutes, & res-
terons-nous dans un doute univer-
sel ? Non , l'Esprit humain n'aime
point à ignorer, c'est son foible ;
dès qu'il doute , il cherche à s'é-
claircir par orgueil , que vous ap-
pellerez , si vous voulez , curiosité.
Ainsi comme le doute est un état
humiliant , dont nous ne pouvons
nous accommoder , il faut bien nous
étourdir sur cela par quelques systêmes. Adoptons-en donc , mais ne
nous en entêtons jamais.

Quand je parle des systêmes en

général, je ne prétends point en
excepter le Simpathisme. Il doit
être sujet, pour le moins, aux mêmes disgraces : il a pourtant un
avantage, c'est que tandis que les
autres se croisent pour la plûpart,
& se contredisent, il peut se mouler
à chacun d'eux, & se prêter aux
principes des uns & des autres. Au
sujet de la lumiere, par exemple,
j'ai suivi dans le cours de cet Ouvrage le systême de Newton ; parce
que, sans examiner s'il est le plus
recevable, il est le plus conforme
à nos préjugés. Ce n'est pas qu'on
ne pût fort bien ajuster le Simpathisme au Cartesianisme, en pliant
ses raisonnemens à la façon de penser de Descartes.

CHAPITRE X.

Action de la matiere Simpathique sur les Organes des Sens.

QUAND le Soleil, ou un Flambeau, ou quelque Corps lumineux que ce puisse être , nous
éclaire , il s'échape de ce Corps lumineux une infinité de g'obules qui
se répandent à la circonférence sur
les objets , & de-là se réfléchissent
vers nos yeux ; & ce sont ces globules réfléchis qui font que nous
appercevons ces objets. Ainsi quand
je vois Cloé, je ne la vois que parce
qu'une portion des globules de lumiere dont elle est couverte , &
qui se réfléchissent de tous côtés ,
vient fraper ma vûe. Considérons

E iij

ces globules dans la route qu'ils
font de Cloé vers mes yeux.

Cloé est environnée de fa matiere Simpathique ; il faut donc que
la lumiere paffe à travers pour parvenir à moi. Dans cette matiere il
y a des parcelles qui approchent
fort de la fubtilité des globules de
la lumiere. Les globules rencon-
trant ces parcelles, doivent donc
leur communiquer du mouvement,
les mettre en jeu, les entraîner
avec eux vers mes yeux : & voilà
la matiere Simpathique qui agit fur
l'organe de la vûe, qui feul eſt plus
fenfible à fes coups, que tous les
autres fens enfemble.

Les corpufcules odoriférens qui
émanent naturellement d'une perfonne, & les autres parceiles de la
matiere Simpathique qui ont le plus
de rapport avec eux, font entraî-

nés par l'air vers l'organe de l'odorat.

On fçait affez comment elle agit fur le goût : ces fuccions qui en attirent fi puiffamment les parcelles, ces baifers qui en font les diffolvans, tout cela s'apprend par l'expérience. Les Amans favorifés m'entendent bien , & mon intention n'eft pas d'en parler aux autres.

Quand je porte ma main fur celle de Cloé , la matiere Simpathique fe trouve entre fa main & la mienne. Dans cette fituation elle a tout lieu d'agir fur les nerfs qui compofent dans moi l'organe du toucher. Les preffions réïtérées qui fe font alors femblent être apprifes aux Amans par la Nature même , afin de caufer une plus grande évaporation: car alors les parties comprimées exhalent en abondance la matiere Simpathique ; à peu près comme une éponge humide laisse échaper la liqueur dont elle est imbue, entre les mains de celui qui la presse.

Il y auroit en tout ceci bien de petits mystéres à dévoiler ; mais cela ne s'écrit point , il se dit de bouche , & s'apprend par tradition.

L'émotion de l'air fait le son de la voix ; l'air ému communique son mouvement aux parcelles de matiere Simpathique qui ont le plus de rapport avec lui, & ces parcelles émues vont affecter l'organe de l'ouïe.

Puisque la matiere Simpathique agit sur les fibres qui composent les organes des Sens , elle doit causer un reflux des Esprits animaux au cerveau. Il ne s'agit plus que de

fçavoir quelles idées , quels mouvemens , quelles fenfations ce reflux fait naître dans l'Ame.

CHAPITRE XI.

Senfations excitées dans 'l'Ame par
l'action de la matiere Simpathique
fur les Organes des Sens.

ENCORE un peu de réflexion
fur ce qui lui tomboit dans
l'efprit, & M. de S… étoit Simpathifte. Il y a un endroit dans les
remarques très-Pirrhoniennes qu'il
a faites fur l'Anatomie d'Heïfter ,
où il entre parfaitement dans l'efprit de notre fyftême. Il dit, en
parlant de la matiere Tranfpirante ,
que nous appellons ici matiere Simpathique , qu'on pourroit avoir re-

ours à elle pour expliquer le plaifir
que des peres ont eu quelquefois
en regardant leurs enfans qu'ils ne
reconnoiffoient pas.

N'eft-ce pas-là le Simpathifme
tout pur ? Mais falloit-il borner les
effets de la matiere Simpathique au
plaifir que des peres ont eu quelquefois en regardant leurs enfans ?
Pourquoi ne pas l'étendre à celui
que nous reflentons en regardant
une belle Perfonne que nous aimons ?

Qu'on ne me parle pas des vûes
& des intentions que pourroient
avoir des perfonnes de différent
fexe, dont les defirs occultes pa-
roîtroient être la fource du plaifir
qu'elles prennent en fe regardant
réciproquement. Il eft dans cette
délectation quelque chofe de plus
délicat, & en même-tems de plus

fort. L'exemple fuivant qui arrive tous les jours parmi nous, va prouver ce que j'avance.

Deux Femmes fe préfentent à mes yeux ; elles font également jeunes, belles & bienfaites, & ceux du Public qui fe donnent pour connoiffeurs, feroient fort embarraffés, s'il falloit préférer l'une à l'autre. Au premier coup d'œil il y en a une qui me touche, & l'autre ne me fait aucune impreffion : je regarde la premiere avec ce plaifir qui naît du penchant, & la feconde avec cette froideur qui accompagne toujours l'indifférence.

Quand j'aurois ces fentimens intimes, ces defirs naturels dont nous venons de parler, pourquoi ne les aurois-je pas autant à l'égard de l'une, qu'à l'égard de l'autre ? Ne font-elles pas également capables

E vj

de me les infpirer ? Oui , fans doute , puifqu'elles font toutes deux
femmes , & toutes deux également
belles. Il faut donc qu'il y ait quelque chofe de plus pur , quelque
chofe de plus fort , qui porte ces
defirs plutôt d'un côté que de l'autre. Il faut qu'il fe paffe dans mon
ame des mouvemens qui me déterminent ; ces mouvemens qui me
déterminent, ne peuvent venir que
du plaifir que je reffens, en regardant celle des deux Belles qui m'a
touché. Ce plaifir de lui-même n'a
donc rien de commun avec les vûes
groffiers & matérielles dont nous
parlons ; c'eft une délectation auffi
pure que celle que goûte quelquefois un pere , en regardant fon enfant qu'il ne reconnoît pas ; & puifque celle-ci peut naître de l'action
de la matiere Simpathique , pour-

quoi l'autre n'en naîtroit-elle pas ?
Pourquoi ne feroit-ce pas-là un des
mouvemens que la matiere Simpathique excite dans l'Ame ?

Il eſt des Amours bruſques qui
naiſſent tout d'un coup , & avec
violence : le premier coup d'œil
décide dans ces occaſions. Conſi-
dérons un Amant qui regarde avec
avidité une Femme dont il vient
d'être épris à l'inſtant.

Il eſt aſſurément pris par les yeux.
Or il n'y a que deux choſes qui
agiſſent ſur ſes yeux , la lumiere &
la matiere Simpathique. Il faut donc
que ce ſoit ou la lumiere, ou la matiere Simpathique , qui ait cauſé
ſon Amour.

Ce ne peut-être la lumiere ; elle
part indifféremment de tous les
objets imaginables. Depui sleſplus
petites particules , juſqu'aux corps

d'une maſſe énorme, c'eſt toujours la lumiere qui agit, & qui nous les fait appercevoir. Or eſt-il bien concevable que la lumiere, entre une infinité d'objets, attende préciſément à partir de tel ou tel, pour produire cette paſſion violente qu'on appelle Amour?

D'un autre côté la lumiere, ſelon beaucoup de Phyſiciens, eſt toujours la même : la lumiere qui ſe réfléchit d'un objet vers mes yeux eſt de la même nature que celle qui ſe réfléchit de tous les autres objets. Si cela eſt, comment pourroit-elle produire tant de différens effets, amour, haine, inclination, averſion &c. ? tout cela ne ſe comprend aſſurément point.

Mais ce qui prouve inconteſtablement que la lumiere ne produit pas nos inclinations, c'eſt que ſi

cela étoit, ce feroit à caufe de l'a-
gréable impreffion qu'elle feroit fur
l'organe de la vûe ; ce qui veut
dire, parlant plus intelligiblement,
que fi la lumiere occafionnoit l'A-
mour, ce feroit à caufe de la beauté
qu'elle nous feroit remarquer dans
l'objet qu'elle nous repréfente. Car
la beauté n'eft autre chofe que l'a-
gréable impreffion que la lumiere
fait fur nos yeux : enforte que tout
ce que nous trouverions beau en-
traîneroit néceffairement notre inclination , ce qui eft ridicule. Il
eft vrai que je trouve du plaifir à
confiderer de beaux Objets ; je me
plais à voir une belle Statuë, un beau
Tableau, une belle Fleur, un bel
Arbre, un bel Animal : je m'y plais,
parce qu'alors la lumiere fait une
agréable impreffion fur mes yeux ;
je m'y plais par la même raifon que

je me plais à manger un bon mor-
ceau, dont les sucs font une agréable impression sur ma langue, &
me réveillent le goût. C'est ainsi
que je me plais aussi quelquefois à
regarder un bel Homme, une belle
Femme; mais tous ces plaisirs d'eux-
mêmes ne vont pas au cœur, ce
n'est pas-là ce qu'on appelle inclination. Il faut quelque chose de
plus pour former un penchant. Ce
quelque chose de plus, qui ne peut
venir de la lumiere, doit donc né-
cessairement venir de la matiere
Simpathique; puisqu'il n'y a qu'elle
& la lumiere, qui agissent sur l'A-
mant dont nous parlons. Ce jargon
Philosophique est un peu abstrait,
mais il est convaincant.

Voici encore un raisonnement
de la même sécheresse, mais aussi
de la même force. Quand la ma-

tiere Simpathique d'une Personne
frape les organes des sens d'un autre, ou elle en chatouille les fibres,
ou elle les déchire , ou elle les
frape sans les chatouiller ni les déchirer. Si elle les chatouille , ce
chatouillement cause au cerveau
un reflux , qui donne du plaisir à
l'Ame. Alors l'Ame livrée à ce plaisir
en desire la continuation, enchérit
la source , qui est la Personne même
d'où part la matiere Simpathique ;
& c'est ce qu'on appelle inclination. Si elle les déchire , cette lacération occasionne au cerveau un
reflux violent , qui cause de la
douleur. L'Ame pénétrée de cette
douleur, desire ardemment de s'en
défaire, en s'écartant de sa source ; &
c'est ce qu'on appelle aversion. Enfin
si elle les frape sans les chatouiller
ni les déchirer , les esprits émus ne

caufent à l'Ame ni plaifir ni douleur, & par conféquent ni inclination ni averfion. On n'aime point,
on ne hait point, on eft indifférent. La matiere Simpathique eft
donc réellement la caufe tant re-
cherchée de nos inclinations, de
nos averfions, de nos indifféren-
ces.

L'Amour n'eft autre chofe qu'une
maniere d'inclination continuée,
& portée jufqu'à un certain point.
La Simpathie, à proprement parler, n'eft qu'une inclination réciproque, & l'Antipathie une averfion réciproque. La matiere Simpathique eft donc auffi la fource de
l'Amour, de la Simpathie, de l'Antipathie.

Veut-on avoir recours à l'expérience ? En voici une entre mille
autres que je pourrois rapporter.

(115)

Le Linx qu'on appelle autrement
Once ou Loup Cervier, eſt un Animal ſauvage, carnacier, & farouche
autant qu'il ſe peut. Les Naturaliſ-
tes nous racontent qu'il y a entre
lui & la Panthere une ſi grande antipathie, que la vûe ſeule de celle-ci
épouvente tellement le Linx, qu'il
perd toute ſa férocité, demeure
pour ainſi dire immobile, & ſe laiſſe
égorger par la Panthere, ſans oſer
même ſe défendre.

Que je diſe à quelque grand
Phyſicien, » Vous avez blanchi
» dans l'étude de la Nature, & elle
» n'a point de myſtéres où vous ne
» ſoyez initié. Je ne doute pas
» qu'en deux mots vous ne me
» réveilliez un de ſes ſecrets, où
» je me trouve fort embarraſſé.
» Vous avez entendu parler auſſi
» bien que moi de l'étonnante An-

» tipathie, qui eſt entre le Linx &
» la Panthere. Je ne ſçai quelle peut
» en être la cauſe, & c'eſt à vous
» que je m'adreſſe pour l'appren-
» dre. « Mon Sçavant ne manquera
pas de me dire que je m'adreſſe
fort mal. Qu'il ignore auſſi bien
que moi l'origine de la Simpathie
& de l'Antipathie, de l'Inclination
& de l'Averſion ; que ce ſont autant
de paſſions confuſément attachées
à l'ame des Hommes, & à l'inſtinct
des Animaux : qu'aucun Philoſophe ne les a jamais expliquées clairement , & qu'enfin ceux qui en
parlent le mieux , ne ſçavent ce
qu'ils diſent.

» Hé bien (repliquerai-je) laiſ-
» ſons-là le Linx & la Panthere, laiſ-
» ſo ns-là leur Inſtinct & l'Antipa-
» thie, qui lui eſt confuſément at-
» tachée ; prenons ſeulement les

» les peaux de ces deux Animaux ;
» fuſpendons-les l'une auprès de
» l'autre, & voyons ce qui arrive-
» ra. La peau du Linx fera bien-
» tôt altérée par la préſence de
» celle de la Panthere ; elle perdra
» ſon poil, ſe réduira en pouſſiere,
» & ſe conſumera en peu de tems.
» Hé bien, M. le Phyſicien, il ne
» s'agit plus de paſſions, il ne s'agit
» plus d'amour & de haine, ni de
» l'inſtinct à qui ces paſſions ſont
» attachées par des liens impercep-
» tibles. Voilà deux Corps inani-
» més, dont l'un agit avec une
» force ſurprenante ſur l'autre. Aſ-
» ſignez-nous une cauſe à ces vio-
» lens eſlets «. Sans doute notre
Phyſicien va me dire que ce qu'il
a de certain à me répondre ſur ce
ſujet, c'eſt qu'il ſe détache de la
peau de la Panthere des corpuſcules

invifibles qui frapent la peau du
Linx , entrent dans les pores, bri-
fent les fibrilles , partagent les particules , & réduifent le tout en pouf-
fiere. » Quoi donc ? M. le Phyficien,
» voilà de corpufcules qui s'écha-
» pent de la peau de la Panthere,
» & vont s'attacher à celle du Linx :
» n'eſt-il pas probable, n'eſt-il pas
» même néceffaire , que , par le
» moyen de la tranfpiration, il s'en
» échape de pareils , & en plus
» grand nombre, du Corps de la
» Panthere vivante ? S'il s'en échape
» de pareils, ils doivent aller fra-
» per les fens du Linx vivant ; &
» puifque ces corpufcules , après
» la mort de l'un & de l'autre, pro-
» duifent des effets fi furprenans
» fur la peau de celui-ci, pourquoi
» des mêmes corpufcules, tandis
» que ces deux Animaux font en-

» core en vie , n'auroient-ils pas
» allez de pouvoir fur le Linx ,
» pour l'épouventer , le confter-
» ner, le rendre immobile ? Con-
» cluons donc que l'Antipathie qui
» fe trouve entre le Linx & la Pan-
» there, eft caufée par une matiere
» très-déliée , qui fe répandant au-
» tour de la Panthere, frape défa-
» gréablement les fens du Linx ,
» & voilà les effets de la matiere
» Simpathique établis «.

Je ne fçai fi l'on regardera ces
preuves du même œil que je les
regarde ; j'avoue que ces raifons
ont quelque chofe de frapant pour
moi, & je ne puis fçavoir mauvais
gré à un homme qui penfe, d'a-
dopter le Simpathifme. Je trouve
dans ce fyftême un air de fimplici-
té, une netteté, une certaine aifance
que je ne vois point partout ailleurs.

Enfin je trouve la maniere de penser des Simpathistes si raisonnable, que je ne sçai trop à quoi il tient, que moi-même je ne me déclare formellement Simpathiste.

Je regarde la Physique comme un terroir où chaque particulier a droit ; on y bâtit un systême à peu près comme on bâtiroit une maison à son usage , chacun suivant son goût ; grande liberté sur le choix des matériaux. Si ceux que les autres ont découverts ne vous plaisent pas, vous pouvez fouiller plus avant, & en déterrer de nouveaux ; vous les arrangerez à votre fantaisie , & vous en bâtirez un systême tel qu'il vous plaira.

Jamais personne ne profita plus de cette liberté que Descartes ; c'é- toit un homme peu éconôme, qui pour un rien, vous créoit une ma- tiere

tiere toute nouvelle. Il en créa une
pour agir sur nos yeux, & exciter
notre vûe ; parce qu'il craignoit
que le Soleil ne s'épuisât à la fin,
s'il continuoit d'envoyer vers nous
une lumiere toujours nouvelle. Il
en créa une autre qu'il chargea du
soin de pouiler les Corps graves
vers le centre de la terre ; à ces
deux Matieres il en ajouta une troisiéme, qu'il destina à circuler autour
de l'Aimant. Enfin il rassembla ces
trois Matieres en une, à qui il donna une si grande étendue, qu'il en
remplit tout l'Univers.

Après Descartes parut un célébre
Anglois, qui anéantit toutes les matieres que Descartes avoit pris la
peine de créer, & les remplaça par
le vuide. Encore une fois grande
liberté dans tout ce qui regarde la
Physique.

E

Les Simpathistes n'ont point abu-
sé de cette liberté ; ce sont des
Philosophes modestes , qui n'ont ni
créé , ni anéanti rien. Ils ont fait
paroître sur la scéne une matiere
qui ne leur peut être contestée : ils
l'ont conduite par des voyes sûres ,
aux Organes des Sens. Là ils font
voir avec une espece d'évidence ,
qu'elle doit produire les effets qu'ils
lui attribuent. Après cela, qui ne
seroit pas tenté de penser comme
des gens si raisonnables ; ajoutez
encore je ne sçai quoi d'amusant
répandu sur l'idée qu'on se forme
de la matiere Simpathique, de son
action, de ses effets, & je pense
que vous ne pourrez guerre vous-
même vous dispenser de devenir
Simpathiste.

Pour moi quand je vois un Amant
en présence de celle qu'il aime ;

j'adopte entiérement le Simpathifme, au moins pour ce moment-là.
Alors il me femble voir la matiere
Simpathique, qui partant de la
Belle, va fraper les yeux de fon
Amant. Je lis dans la phyfionomie
de cet Amant les plaifirs que cette
matiere lui procure, & je vois dans
fon ame les tendres impreffions
qu'elle y laiffe. Je le compare au
Papillon, qui pendant la nuit ap-
perçoit tout-à-coup la lumiere d'un
flambeau. Cet éclat fubit réveille
& réjouit ce petit Infecte. Il dé-
ploye fes aîles, & vole vers la fource
d'où s'écoule la lumiere, vers le
flambeau. Plus il approche, plus
la lumiere agit avec force fur lui,
plus il reffent de plaifir. Enfin à
force de vouloir augmenter cette
déleftation, il trouve fa mort. Il
s'approche trop près du flambeau,

F ij

il voltige autour de la méche allu-
mée , & se jettant au milieu de la
flamme , il meurt autant consumé
par le plaisir qu'il goûte , que par
le feu qui le réduit en cendre.

C'est ainsi , mais plus en sûreté ,
qu'un Amant frapé par les rayons
de la matiere Simpathique , ressent
ces desirs véhémens qui le portent
avec tant d'efficacité à s'approcher
de la source d'où elle part. Plus il
s'approche , plus la matiere Simpathique agit avec force. Enfin s'i
s'approche jusqu'au point de join
dre au plaisir de la vûe, celui d
toucher , alors la matiere Simpa
thique agissant encore par cet or
gane , lui cause une nouvelle dé
lectation , & le jette dans de nou
veaux ravissemens. Que dirai-je d
ces baisers de flamme qui saisisse
le goût, de cette suavité qui frap

l'odorat ? Que dirai-je de ce langage de l'Ame, de ces paroles entre-coupées, de ces doux murmures, de ces soupirs qui échapent au cœur qui se noye dans des torrens de volupté, & qui donnent tant de vivacité à l'action de la matiere Simpathique sur l'organe de l'ouïe ? De-là ces transports impétueux des Amans. De-là ces épanchemens de tendresse, ces effusions du cœur, ces délicieux égaremens de l'esprit, ces voluptés qui absorbent toutes les puissances de l'ame.

Etonné de ces effets prodigieux dont il ignoroit la cause, le Poëte Philosophe de l'antiquité, disoit que l'Amour étoit un desir de se transformer en ce qu'on aimoit, & de confondre sa substance avec la sienne. Voici à peu près comme il s'explique.

F iij

Quels defirs, quels tranfports agitent les
   Amans,

Dans la brûlante ardeur de leurs embraf-
   femens ?

Toujours ingénieux à former leurs fup-
   plices,

L'Amour, envain pour eux, épuife fes
   délices.

Des plus touchans plaifirs ces Amans
   enivrés,

D'un chimérique bien font encore al-
   térés :

Ils voudroient, mais envain, ils voudroient que leur Ame

Pût paffer dans l'objet de leur avide
   flamme ;

Et que leurs Corps unis, mêlés & con-
   fondus,

L'un dans l'autre à jamais puffent être
   perdus.

Voilà comme Lucrece attribue
à des defirs imaginaires, ces mouvemens violens que nous expli-
quons avec tant de netteté, en ad-

mettant l'action de la matiere Simpathique.

CHAPITRE XII.

*Traces formées dans le Cerveau par
l'action de la matiere Simpathique.*

JE vous ai représenté le Cerveau
comme une substance molle, &
à peu près semblable à la moëlle.

Si l'on poussoit avec force un
filet d'eau sur un amas de moëlle,
l'eau se creuseroit un passage dans
la moëlle, & laisseroit après elle un
petit espace vuide. Si l'on continuoit long-tems à pousser d'autres
filets d'eau, la moëlle se trouveroit
creusée en un infinité d'endroits,
& resteroit dans cette situation,
jusqu'à ce qu'une cause étrangere

F iv

l'en tirât. Tel est à peu près l'état du cerveau, & telles sont les traces que les reflux des Esprits animaux y laissent après eux.

Outre cela il faut remarquer que c'est précisément dans le tems que les esprits s'ouvrent ces sortes de passages dans le cerveau, que l'ame conçoit ses idées, ou plutôt est frapée de ses sensations. Ainsi je ne ressens la douleur que me cause le feu qui me brûle le bout du doigt, que quand les Esprits émus par les parties du feu, ayant reflué le long du bras, des épaules & du cou, viennent enfin à fraper le cerveau, à faire leur impression, à y former des traces; ensorte que ce n'est que cette derniere action des esprits, qui fait les sensations.

Il faut encore remarquer que toutes les fois que les esprits, mis

en mouvement par la feule volonté
de l'ame rempliffent les petits vuides qu'ils ont autrefois formés dans
le cerveau, & repaffent par les mêmes fentiers qu'ils s'étoient déja
ouverts, alors l'ame fe rappelle les
idées, & les fenfations qu'elle avoit
eues dans l'inftant de leur premier
paffage ; c'eft ce qu'on appelle fe
reffouvenir, fe remettre, fe retracer la mémoire.

Vous vous reffouvenez qu'il y a
quelque tems qu'une épingle vous
piqua vivement la main, & vous
caufa une douleur très-fenfible.
Vous vous rappellez à merveille
cette douleur, & quand vous y
penfez, il vous femble que vous la
reffentés encore ; mais peut-être ne
fçavez-vous pas ce qui fe paffe dans
vous, pour vous redonner cette idée.

Dans le tems que la pointe de

l'épingle s'enfonça dans votre main; elle déchira quelques-unes des fibres qui composent l'organe du toucher. Cette lacération causa une émotion violente aux esprits qui refluant au cerveau , y firent une trace avec une véhémence proportionnée à violence de leur mouvement , & cette action des esprits dans cette trace , vous causa une douleur des plus vives. Quand leur mouvement diminua , votre douleur diminua aussi, & quand leur mouvement eut entièrement cessé, votre douleur cessa aussi entièrement. Mais la trace qui se fit alors dans votre cerveau , y a toujours resté : & quand vous vous rappellez cette douleur, c'est que vos esprits mis en mouvement , agissent dans cette trace , à peu près comme ils y avoient agi la premiere fois.

C'est ainsi que vous vous reslou-
venez de tout ce que vous avez
vû, senti, goûté, touché, entendu, en un mot de tout ce qui vous
a fait autrefois quelque impression.
Si vous avez oublié quelque chose,
c'est que la substance de votre cerveau, qui est naturellement molle,
s'est affaissée, & a bouché ou effacé
la trace que les esprits y avoient
faite. Quand cette trace est effacée,
vous avez beau mettre les esprits
en mouvement, ils ne retrouvent
plus leur passage, ils ne peuvent
plus vous rappeller l'idée que vous
cherchez. Quand vous craignez de
perdre la mémoire de quelque chose, vous la repassez souvent dans
votre esprit. C'est afin que les esprits allant & revenant plusieurs fois
par le même passage, tiennent toujours le cerveau en état, & l'empê-

chent de s'affaisser & de boucher ce
paffage. Rapprochons maintenant
nos idées.

L'ame aime naturellement à se
remettre ses plaifirs paffés, & c'eft
avec une nouvelle déleftation qu'elle ramene les efprits dans les traces
où jadis ils avoient fait quelqu'a-
gréable impreffion. Or de toutes
ces agréables impreffions, il n'y en
a point qui le foient davantage que
celles que les efprits ont faites
étant émus par la matiere Simpathique. Il ne faut donc pas s'étonner fi l'ame les fait repaffer fi fouvent fur ces traces, les y maintient
fi long-tems, & trouve tant de plaifir à s'entretenir foi-même de fon
Amour. De-là ces réflexions touchantes, ces délicieufes rêveries,
ces douces chimeres dont les Amans
fe repaiffent, fans pouvoir s'en raf-
fafier.

Quand par méprife vous prenez une autre perfonne pour celle que vous aimez, c'eft que la lumiere fe réfléchit de cette perfonne, dans le même ordre qu'elle réfléchit de l'autre. Les efprits refluant vers le cerveau doivent donc remplir la trace qu'ils y avoient faite dans le tems que vous étiez en préfence de celle que vous aimez. Aux environs de cette trace eft celle que la matiere Simpathique y a formée ; les efprits là rencontrent & la rempliffent auffi. Cette action des efprits vous caufe une douceur intérieure, & attachant ce plaifir à la perfonne que vous avez fous les yeux, vous l'aimez jufqu'à ce que vous foyez détrompé, & que vous ceffiez de la prendre pour une autre.

On peut faire à peu près le même raifonnement fur les Tableaux. Un

Portrait réfléchit la lumiere dans le
même ordre que la perſonne qu'il
repréſente. Ainſi quand vous regar-
dez le Portrait d'une perſonne que
vous aimez , les eſprits rentrent dans
les ſentiers qu'ils ont autrefois ouverts , & ſe répandant ſur les traces
que la matiere Simpathique a frayées
aux environs , vous jettent dans la
même extaſe que ſi vous étiez en
préſence de l'objet même que vous
chériſſez.

N'avez-vous point entendu parler de ce Siennois qui fut tant cheri
à la Cour d'une Ducheſſe d'Urbin.
Jamais Amour ne fut plus ſingulier
dans ſon origine , & dans ſes progrès. Il fut d'abord éperduement
aimé d'une jeune Dame , qui fit
confidence de ſon Amour à une
Comteſſe de ſes amies , ſans cependant lui déclarer le nom de celui

qu'elle aimoit. Elle l'appelloit toujours le beau Siennois, & en faisoit
un portrait si avantageux, que la
Comtesse elle-même ne put s'empêcher de se sentir pour lui certaine
inclination, qui augmentant peu à
peu, devint bien-tôt une attache
bien réelle, & un Amour très-vio-
lent. A quelques jours de-là une
fievre maligne attaqua la jeune
Dame, & l'emporta. Ainsi la Comtesse demeura éprise d'une personne
qu'elle n'avoit jamais vûe, & qu'elle
commença à desesper de pouvoir
jamais connoître. Un Amour de
cette espece devoit être un peu
chagrin & tirannique; il fallut bien
trouver une personne de confian-
ce, à qui pouvoir faire part de sa
douleur. La Comtesse avoit une
Parente qu'elle aimoit; elle lui ouvrit son cœur, lui déclara la triste

ſituation où elle étoit , & lui parla
ſi ſouvent du beau Siennois , que
cette Parente , après avoir prit part
au chagrin de ſa Couſine , prit bientôt part à ſa paſſion , & devint en
peu de tems ſa rivale. Celle-ci pour
tromper ſon malheureux Amour ,
& bercer ſes inquiétudes , écrivoit
les Lettres les plus paſſionnées du
monde à l'inſenſible objet de ſa
tendreſſe , & les adreſſoit au beau
Siennois. Une de ces Lettres tom-
ba entre les mains d'une Dame qui
la lut , & la communiqua à pluſieurs
autres de ſes Amies. Elles y trou-
verent des ſentimens ſi tendres, des
expreſſions ſi touchantes , elles y
démêlerent une paſſion ſi violente ,
qu'elles ne douterent plus que celui
à qui s'adreſſoit cette Lettre ne fut
l'Homme le plus accompli qui ſe
pût trouver ; & chacune ſe le repré-

fentant fous la plus belle apparence qu'elle pouvoit imaginer, elles en furent toutes éprifes. Ainfi d'amie en amie, de confidence en confidence, la renommée du bel inconnu faifoit des progrès étonnans à la Cour de la Duchesse. On ne parloit que du beau Siennois. Chaque jour il faifoit de nouvelles conquêtes, & tous les cœurs payoient tribut à la haute idée qu'on avoit conçue de lui. Cependant le bien aimé Siennois étoit à la fuite du Duc d'Urbin fort tranquille, & ne peufant à rien moins qu'à jouir de fa bonne fortune, & à correspondre à l'attache univerfelle qu'on avoit pour lui. Heureux, fans pouvoir goûter fon bonheur : il fut aimé fans le fçavoir, par gens qui peut-être le connoiffoient, & ne fçavoient pas qu'il fut l'objet de leur amour.

C'étoient-là autant d'effets de l'action des esprits, dans les traces que la matiere Simpathique occasionne au cerveau.

On vous fait la description d'une Belle que vous n'avez jamais vûe ; la taille, les traits, le teint, l'air, la grace, rien n'est oublié. Vous rassemblez tout cela dans votre imagination, & vous en faites l'image d'une belle personne que vous vous représentez vivement. Vous ne vous en tenez pas-là : vous mettez les esprits en mouvement, & vous les faites passer dans les traces qu'ils avoient faites, quand la matiere Simpathique de quelqu'aimable objet frapoit vos sens. Les esprits toujours prêts d'obéir à vos ordres, agissent & vous rappellent un plaisir que vous avez autrefois goûté ; & comme vous rapportez ce plaisir au portrait chimérique que vous avez peint dans l'imagination, votre cœur s'attendrit, vous devenez amoureux de vos propres idées, & vous vous fentez une forte inclination pour une perfonne que vous n'avez jamais vûe.

Il y a bien de l'apparence que l'Amoureux de la Venus Gnidienne, étoit dans un cas à peu près pareil à celui-ci. Il avoit une fort belle Statue devant les yeux ; en même-tems il fe rappelloit fouvent les douces impreſſions que la matiere Simpathique avoit faites autrefois fur lui, & attachant ce plaifir à la vûe de la Statue, il en devint éperduement amoureux.

Voilà comme les Simpathiſtes expliquent par l'action des efprits animaux, ce qu'ils ne peuvent expliquer par l'action immédiate de la

matiere Simpathique. Dès que celle-ci leur manque, ils ont recours
aux refforts de la mémoire ; ils les
font jouer, & dans ce jeu ils trouvent à coup fûr tout ce qu'ils y
cherchent : c'eft une reffource qui
ne leur manque jamais au befoin.

CHAPITRE XIII.

*Différences des inclinations fuivant
les différens âges.*

UN célébre Machinifte difoit ;
*Qu'on me donne un point fixe,
& j'ébranlerai le Ciel & la Terre.* Un
Philofophe du fiecle dernier difoit,
*Qu'on me donne de la matiere & du
mouvement, & je vais compofer un
Monde.* Belles promeffes ! Promeffes
dignes de ces grands Hommes !

Pour moi, petit Phyſicien timide, qui n'oſe m'écarter du centre de ma ſphere, d'où je regarde à perte de vûe ces Héros de la Philoſophie, je n'ai garde de prendre un ton ſi relevé, & de promettre de ſi gran-des choſes : mais qui m'empêchera de hauſſer ma voix, & de crier de toutes mes forces, *Qu'on détruiſe l'Amour, & je vais le rétablir avec un peu de matiere Simpathique ?* Les deux autres promeſſes ſont plus majeſ-tueuſes que la mienne ; mais elles ne coûtoient pas d'avantage à ceux qui les faiſoient, que la mienne ne me coute. On n'a point encore trouvé de point fixe à notre Machi-niſte, & Deſcartes n'a jamais eu entre les mains cette matiere & ce mouvement tel qu'il le déſiroit pour faire ſon monde. Je penſe auſſi qu'on ne s'aviſera pas de dé-

truire l'Amour, pour voir si je le
rétablirai. Il est aisé de se vanter de
quoi que ce soit, quand on sçait
qu'on ne peut être obligé à l'ac-
complir.

Quoi qu'il en soit, à bien examiner la chose, on trouve tant de
liaison entre les inclinations où les
aversions, & l'action de la matiere
Simpathique, qu'on peut dire har-
diment que l'une ne peut exister
sans l'autre : où la matiere Simpathique n'a point agi, il n'y a point
d'inclination ; & où elle agit ; à
proportion de la force avec laquelle
elle agit, les inclinations, les aversions, les simpathies, les antipathies
sont vives & touchantes ; en un
mot en fait de ces passions ; tout
dépend de la matiere Simpathique.

Rien n'est plus propre à nous

convaincre de cette vérité, que les différentes inclinations qui sont attachées aux différens âges, & qui dépendent absolument de la différence de l'action de la matiere Sympathique. Car si, par exemple, un Enfant n'aime pas comme un Adulte, c'est que la matiere Sympathique n'agit pas sur lui comme sur un Adulte. Pour approfondir un peu la question, prenons la nature dès l'instant qu'elle forme un enfant au sein de sa mere, suivons-la ensuite pas à pas, & voyons par quels dévelopemens , d'un enfant elle sçaura en tirer un homme fait, un homme capable d'aimer & d'être aimé.

Nos Corps ne sont qu'un assemblage de vases, de canaux, de réservoirs, dont chacun contient la liqueur qui lui est destinée. Ap-

puyons-nous fur ce principe, &
allons à la découverte.

Preſſons également, fortement &
de tous côtés un homme haut de fix
pieds, ou davantage fi vous voulez.
Exprimons en tout le fluide ; il di-
minuera de plus des deux tiers. D'un
Geant, nous en ferons un Nain, &
un Nain d'un ou de deux pieds, au
plus ; ce n'eſt plus qu'un amas de
canaux vuides, & dont les parois
font rapprochés & collés les uns
aux autres.

Ne nous en tenons pas-là. Otons
à tous ces canaux leurs parties les
plus groſſieres, & ne leur laiſſons
qu'une pellicule la plus mince que
nous puiſſions imaginer ; voilà notre Nain qui diminue à perte de
vûe, il devient preſque rien. Bien
loin que nous puiſſions diſtinguer
chacun de ſes membres ; peu s'en
faut

faut que le tout n'échappe à nos yeux.

Cependant cette petite parcelle, toute informe qu'elle paroît, contient en elle bien diftinctement toutes les parties de l'homme. Tel juftement le germe de ces petits œufs qui font diftribués & collés fur cette partie de la femme que les Anatomiftes appellent Ovaire. Tel, dis-je, le germe de ces petits œufs, (ou fi vous voulez le vers qui s'y infinue) contient en petit toutes les parties de l'enfant qui en doit naître. Attachons-nous maintenant à ce germe, & voyons ce qu'il va devenir.

Dès que l'effence qui eft deftinée à le féconder, vient à ouvrir au paffage ; les liqueurs s'infinuent, les canaux fe rempliffent, les parties

G

fe développent. Les jambes & les
bras s'écartent du tronc, la tête s'é-
leve fur les épaules, chaque mem-
bre prend fa place, & cet affemblage répréfente un enfant. Neuf
mois fe paffent, il naît. Ses fens
s'épurent ; l'air frappe fes oreilles,
& il entend ; fes yeux s'ouvrent,
& il voit. Cependant de nouveaux
canaux répandus par tout le corps,
fe préfentent de jour en jour au fuc
nourricier des alimens, qui les
remplit, les affermit, en augmen-
te le volume, & par conféquent
celui de l'enfant qui doit croître à
proportion que les canaux fe dila-
tent & fe dévelopent.

Arrêtons-nous ici un inftant, &
confidérons cet enfant dans l'état
où il fe trouve actuellement : il a fa
matiere Sympathique, cela n'eft pas
douteux. Cette matiere doit pro-

duire quelques effets , cela est encore certain ; mais elle ne produira pas l'amour. A la vuë de deux
jeunes filles âgées de cinq à six ans,
je me sens quelquefois pour l'une
certaine inclination que je n'ai pas
pour l'autre ; mais cette inclination ne sçauroit être aussi forte qu'elle pourra le devenir, quand cet enfant aura atteint l'âge de quinze
ans. C'est que sa Matiere Simpathique n'est pas encore vivifiée.

D'un autre côté un enfant a les
organes des sens fort bien disposés :
aussi la matiere Simpathique agit-
elle sur eux ; mais les effets qu'elle
produit, ne sçauroient être aussi violens que ceux qu'elle produira dans
la suite ; parce que les sens ne sont
pas encore perfectionnés.

Que manque-t-il donc à la Matiere Simpathique des enfans ? Que

manque-t-il à leur organe ? Il leur
manque ce dont ils ne peuvent être
pourvûs que dans un certain tems.

Vers l'âge de douze à quatorze
ans, le sang commence à se glisser
dans certains couloirs internes qui
se font nouvellement démêlés des
autres : là il se prépare, s'épure, se
rafine, & se change enfin en une
essence vivifiante qu'il n'est permis
qu'aux Médécins de nommer *. Certains vaisseaux la répompent, & la
portent de l'endroit où elle s'étoit
préparée, dans la masse du sang qui
la distribue ensuite dans toutes les
parties du corps.

Aux approches de cette essence,
les fibres se tendent, les membres
s'affermissent, le temperament s'en
durcit, la voix devient plus forte

* Voyez ceux des Médecins qui ont
traité de semine masculino & feminino.

& tout le corps plus robuste. Sans
doute que les organes des sens doivent se sentir des influences de cette liqueur. En circulant, elle les rencontre, agit sur eux, les perfection-
ne, les rend susceptibles des impressions les plus fortes que puisse faire
la matiere Simpathique, & leur donne la perfection qui leur manquoit
auparavant.

D'un autre côté, les fluides du
corps humain, qui jusqu'alors avoient
croupis dans une espéce d'inertie,
sont excités par le mélange de
cette nouvelle essence, & leurs principes commencent enfin à se développer. On conçoit aisément que
tous ces changemens ne peuvent
s'opérer tant dans les fluides que
dans les solides, qu'en même tems
il ne s'en fasse de très-considérables
dans la matiere Simpathique.

Outre cela cette essence qui vivi-
fie tout , après avoir bien circulé
s'exhale avec les autres fluides.
Voilà donc de nouveaux corpuscu-
les qui se répandent au dehors , &
se mêlent avec la Matiere Simpathique ; & c'étoit justement ce qui
luimanquoit pour exercer pleine-
ment ses fonctions.

Cette essence est à la Matiere
Simpathique avec qui elle s'exhale,
ce que le sel est aux ragoûts. Quelqu'exquis qu'un ragoût puisse être
de lui-même , si le sel y manque,
il ne peut flatter notre goût. Ainsi
quelque bien disposée que soit d'elle-même la matiere Simpathique ,
si cette essence y manque , elle n'a
point de force, elle n'a point d'a-
ctivité.

Telle est cette perfection tant re-
cherchée que la nature diffère si

long-tems à donner aux sens & à la matiere Simpathique des enfans : c'est ainsi qu'une jeune personne (car nous n'appellerons plus enfant, celui ou celle qui se sent en état d'être pere ou mere) se trouve enfin capable d'aimer, & d'être aimée de toute l'étendue de la matiere Simpathique.

Je ne tairai pas une difficulté qui se présente naturellement sur ce sujet. Cette essence, dira-t-on, ce sel qui assaisonne la matiere Simpathique, assaisonne aussi-bien celles des hommes que celles des femmes. Pourquoi donc la matiere Simpathique des hommes ne produit-elle pas sur d'autres hommes, les mêmes effets qu'y produit celle des femmes.

Il est vrai que la matiere Simpathique d'un homme peut faire quel-

qu'impreſſion ſur un autre homme.
De deux joueurs qui jouent enſemble , & qui nous ſont entiérement
inconnus , nous ſouhaitons aſſez
ſouvent que la fortune favoriſe l'un
plutôt que l'autre. C'eſt ſouvent un
effet de la matiere Simpathique de
celui pour qui nous inclinons , qui
nous flatte davantage que celle de
l'autre ; mais cela ne peut pas aller
fort loin. Ces ſortes d'inclinations
ſont à peu près ſemblables à celles
que produit la matiere Simpathique
des enfans , qui nous fait pancher
ſans nous entraîner, & qui nous
lie , ſans nous ſerrer trop étroite-
ment.

Tel eſt le goût que nos ſens trouvent à la matiere Sympathique
de nos ſemblables, des autres hommes. En général ils ne peuvent y en
trouver un plus vif, & un plus ſenſible.

(153)

Car si cela étoit, ce seroit sur-tout
à cause de l'essence qui l'assaisonne.
Mais nous avons dans nous une essence à peu près de la même nature
qui agit sur nos organes & les tient
en état : or cette autre essence, ou
même toute matiere Simpathique
assaisonnée par elle, ne peut pas faire une grande impression sur les organes : de même que dans une personne qui auroit continuellement
du vin dans la bouche, non-seule-
ment ce vin ne feroit que peu ou
point d'impression sur le goût, mais
encore celui qu'on y ajouteroit, n'en
feroit pas d'avantage. Au lieu que
dans les femmes, c'est toute une
autre matiere Simpathique, ne
autre essence, un autre assaison-
nement. C'est un ragoût dont nos
sens ne sont point fatigués, & qui
leur fait sentir toute son activité.

G v.

C'eſt comme ſi l'on verſoit de l'eau-
de-vie dans cette bouche toujours
pleine de vin , dont je viens de
vous parler ; l'eau-de-vie feroit ſon
impreſſion ſur le goût, indépendam-
ment du vin qui n'agit plus ſur lui.
Revenons à notre hypothéſe.

Tant que les organes des ſens re-
ſtent dans leur perfection , que l'eſ-
ſence vivifiante ſe philtre en abondance , & que la tranſpiration fournit une aſſez grande quantité de matiere Simpathique ; en un mot,
tant que l'on eſt jeune , on eſt en
état d'aimer & d'être aimé.

Dès que l'on touche à la vieilleſ-
ſe , les organes , les ſens s'endur-
ciſſent ; la liqueur vivifiante diminue , la tranſpiration ne fournit plus
une aſſez grande quantité de matiere Simpathique , & le peu qu'elle
en fournit n'a point la même qualité:

on commence à n'être plus fufcepti-
ble d'amour , & à être incapable
d'en donner.

Enfin la caducité venant à nous
ôter les fonctions des fens , à empêcher la filtration de l'effence vivifiante, à éteindre la tranfpiration,
plus d'amour pour nous chez les
autres ; plus d'amour pour les autres chez nous. C'eft fait de cette
belle paffion, c'eft fait de la vie.
L'homme n'eft plus alors qu'une
machine antique , dont les refforts
ufés font prêts à tomber en pouf-
fiere au moindre fouffle de la mort.

Admirez de l'Amour la bonté finguliere;
   Lui feul nous donne la lumiere ,
   Et nous prenant dès le Berceau,
   Comme nous il fe fortifie,
   Comme nous il tombe, il varie ,
   Et ne nous quitte qu'au tombeau.

Voici une Lettre qui m'a paru

avoir beaucoup de rapport au sujet que je viens de traiter.

A MONSIEUR ***

DOCTEUR EN MEDECINE.

MONSIEUR,

Vous y ferez telle réflexion qu'il
vous plaira. Il eſt toujours certain
qu'il ſe fait un grand développement dans le cerveau d'une jeune perſonne qui touche à l'âge de
puberté. Ces inquiétudes aveugles qui commencent alors à l'a-
giter, ces nouvelles idées qui s'offrent en foule à ſon eſprit, ces mouvemens extraordinaires du cœur qui
s'amolit, tout cela eſt une preuve
évidente de ce que j'avance.

Prenez-moi un jeune homme qui
n'ait jamais eû aucune idée de l'a-

mour, un jeune homme qui se soit
étonné plus d'une fois de ce que la
nature s'est avisé de diviser le genre humain en deux sexes, en un
mot un jeune homme le plus neuf
que vous puissiez imaginer. Ame-
nez-le à l'âge de puberté, je veux
dire au point où il commence à se
sentir; il sera sujet comme un autre
à toutes les agitations dont je viens
de vous parler.

Placez-le dans le monde, intro-
duisez-le dans les cercles, mettez-
le en présence d'une belle dont la
phisionomie le frappe, & conside-
rez les efforts que vont faire toutes
les puissances de son ame.

Ses yeux se repaissent avec avidité de tout ce qui tombe sous leur
sens, & son imagination échauffée
par le feu de l'amour, lui forme des
images voluptueuses de ce que ses

yeux ne fçauroient appercevoir.
Son entendement inaccoutumé à
cette paſſion , s'occupe agréable-
ment autour d'elle ; il perce , il y
fait de nouvelles découvertes , & y
trouve toujours de nouveaux plaiſirs. Sa mémoire qui eſt la dépoſi-
taire de tous les mouvemens de ſon
cœur , lui retrace ces penſées déli-
cieuſes , & lui fait gouter les dou-
ceurs qu'elle n'étoit point capable
d'inſpirer auparavant.

Dites-moi , je vous prie , Monſieur , d'où peuvent venir ces inquiétudes aveugles , ces nouvelles
idées , ces agitations du cœur ?
D'où peuvent venir ces peintures
que l'imagination forme , ces découvertes que l'entendement fait,
ces plaiſirs que la mémoire fournit?
En un mot , d'où peuvent venir
toutes ces impreſſions qui naiſſent

naturellement dans nous?

Tout bien examiné, je me suis imaginé qu'il y a une portion du cerveau qui demeure engourdie, & comme morte pendant l'enfance, mais qui prend vie & se développe vers l'âge de douze à quatorze ans, & que les esprits venant alors à agir dans les traces qui y sont naturellement formées, l'ame commence à sentir les premieres atteintes de l'amour.

Je regarde cette portion du cerveau comme un livre que la nature a écrit de sa propre main, & qu'elle tient fermé pendant un certain tems, après lequel elle l'ouvre, & le présente à l'ame qui y lit les premiers principes de la grande passion des hommes, de l'amour.

Parlons plus physiquement. Cette essence admirable qui commence

à se filtrer dans les hommes & les
femmes, vers l'âge de douze à quatorze ans, regorge bientôt dans la
masse du sang, & se portant au
cerveau, lui fournit un genre nouveau d'esprits, tout-à-fait propres à
développer ces traces que la Nature sembloit négliger depuis si long-
tems: & c'est alors que l'ame commence à être agitée de ces désirs
vagues à qui la matiere de la tranfpiration prend bientôt soin de présenter un objet.

Vous voyez, Monsieur, que
par ma façon de penser, je tiens
de bien près aux Simpathistes: mon
hypothése est, pour ainsi dire, une
branche de la leur, & ce n'est peut-
être pas un bien pour moi.

Quoiqu'il en soit l'idée de ces
traces voluptueuses, formées dans
le cerveau dès la premiere confor-

mation , & dont le développement
eſt reſervé à la ſuite des tems ; cette idée, dis-je, a ces conſéquences ,
& ces conſéquences ſe trouvent con-
formes à l'expérience.

Ces ſortes de créatures qui ne
ſont ni hommes ni femmes, les Eu-
nuques (je parle de ceux qui ſont
tels dès leur enfance) ſont incapa-
bles de goûter les délices de l'a-
mour : les malheureux ne peuvent
pas même ſe faire une idée de
cette paſſion. Soumis comme les
autres à toutes les miſeres de l'hu-
manité , ils ſont ſeuls privés de ce
qui pourroit faire leur conſolation :
ils ne peuvent aimer. Vous en de-
vinez déja la raiſon. Les Rudimens
de l'amour ſont dans leur cerveau ,
comme dans tous les autres ; mais
ils n'y ſont pas développés. C'eſt
un Palais enchanté où les plaiſirs

fourmillent, mais dont ils n'ont pas
la clef : ils font dépourvûs de cette
effence vivifiante qui feule étoit capable de leur ouvrir ces traces vo-
luptueufes. S'ils reffentent quelques
mouvemens confus de tendreffe ;
cela vient des vains efforts que font
les efprits pour entrer dans ces traces. Mais ces mouvemens confus
tiennent plus de la douleur que du
plaifir. La nature gémit en fe cherchant dans les lieux où elle ne fe
trouve plus.

Il n'en eft pas de même d'un Eu-
nuque qui n'eft tel que depuis l'âge
de puberté : les traces font déve-
loppées dans le cerveau, les efprits
peuvent s'y répandre , il peut con-
tinuer d'aimer ; mais quel genre
d'amour eft celui-là ? je ne puis
mieux le comparer qu'à ces dou-
leurs très-vives quoiqu'imaginaires,

que certains manchots reſſentent
dans le bras dont ils ſont privés.

Au reſte (il eſt bon de vous en
avertir) ſuppoſé que vous ſoyez
pour les ſibrilles du cerveau , & non
pas pour les traces , nous n'aurons
point de bruit ſur cet Article. Je ſe-
rai quadrer à merveilles mon ſiſtê-
me au vôtre. J'imite en cela les Phyſiciens d'un certain poids ; je ne
prens interêt qu'aux choſes qui ſont
de mon invention.

Voilà , Monſieur , ce que j'avois
à vous dire ſur ce ſujet. J'attens que
votre déciſion me ſoit favorable,
pour m'entêter de ce ſentiment. Je
ſçai qu'il ſouffre quelques difficultés,
mais je ſçai auſſi qu'on fait peu de
cas d'une objection, pour peu qu'on
ait de cet eſprit qu'on appelle ſiſtê-
matique. Je ſuis , Monſieur , &c.

CHAPITRE XIV.

Paſſions qui accompagnent l'Amour.

AIMER ou haïr quoique ce
puiſſe être , déſirer ce que
l'on aime, fuir ce que l'on haït;
voilà l'abrégé de toutes nos penſées,
le principe des mouvemens de notre cœur , le premier mobile de
toutes nos actions. Voilà l'homme.

Du plus bas étage montez par
degrès aux gens du premier rang
& du mérite le plus diſtingue, vous
trouverez que tout le monde aime,
haït, déſire, & agit en conſéquence.
Toutes nos actions en reviennent
là. Quelque mouvement que vous
ſentiez en vous-même, ſuivez-les
de près, ſondez exactement votre

cœur, & vous verrez qu'ils émanent d'un principe d'amour ou de haine, soit à l'égard des choses qui se présentent nuement à l'esprit , soit à l'égard de celles qui frappent les sens.

Toutes les autres passions prennent leur origine de celles-là , ou plutôt n'en sont que les modifications différentes , ensorte que suivant les différens rapports où l'Amour , par exemple , se trouve avec son objet , il change de nom , & prend celui de tristesse , de joye, d'espérance. Car dans ces circonstances , la tristesse n'est que l'Amour d'un bien passé , la joye n'est que l'Amour d'un bien présent , l'espérance n'est que l'Amour d'un bien futur.

Il ne paroît pas douteux qu'une légere inclination pouvant se trou-

ver dans les mêmes rapports avec
son objet, que le penchant le plus
marqué peut aussi exciter les mêmes passions. Mais cette lueur d'inclination ne nous intéresse pas assez;
notre imagination passe légerement
sur les différens rapports, où les
circonstances des choses la placent
vis-à-vis de son objet ; & les passions qui en résultent sont si tran-
quilles, & nous remuent si peu,
qu'elles ne méritent pas ce nom.
Il n'en est pas de même d'un penchant décidé, il a trop d'ascendant
sur nous. Ses moindres rapports
avec son objet touchent sensible-
ment notre ame, & les passions qui
en naissent, ne peuvent être que
très-violentes.

Or de tous les penchans que nous
pouvons avoir pour quelque chose
que ce puisse être, il n'y en a point

qui agiſſe plus puiſſamment ſur nous,
que celui qui naît par l'action de la
matiere Simpathique ; & celui-là
ſeul, à proprement parler, mérite
le nom d'Amour. Il ne faut donc pas
s'étonner de la violence des paſſions
qui accompagnent celle-là.

L'ame bleſſée au vif perd de vûe
toute autre choſe, & ne s'occupe que
de ſon Amour & de ſon objet. Elles
les contemple par toutes leurs traces;
aucun de leurs rapports ne lui échappe , & par conſéquent il n'y a point
de paſſions dont alors elle ne ſoit
ſuſceptible.

De là vient qu'un Amant eſt or-
dinairement en proye à toutes les
affections de l'ame les plus vives, &
qui paroiſſent même les plus incom-
patibles. Une paſſion ne ſort de
ſon cœur que pour faire place à
quelqu'autre , & pour y rentrer un

inftant après. Chez lui c'est un flux
& reflux continuel. Il est humble
& fier, timide & courageux, am-
bitieux & rampant, tranquille &
emporté. L'espérance & la crainte,
la présomption & le désespoir, l'in-
quiétude, la jalousie, l'envie & leurs
contraires s'emparent de lui, & le
maîtrisent avec un empire propor-
tionné à la force de son Amour.

Socrates faisoit sur ce sujet un affez joli conte. Il me prend envie de
vous en faire part.

Un jour Jupiter s'avisa de vouloir régaler toute la Cour céleste.
Il fit préparer un festin, & y invita
tous les Dieux & toutes les Déesses
de l'Univers, excepté la Déesse de
la Pauvreté. Le bon Jupiter n'avoit
seulement pas pensé à elle, & même elle n'auroit pas sçu que les Ci-
toyens du Ciel étoient dans l'intention

tion de faire une débauche complette , sans la Déesse de la Renommée , Déesse la plus babillarde du monde, qui ne manqua pas de lui raconter tout. La Pauvreté bien instruite se trouva fort exactement le jour marqué , à la Maison de Jupiter. Selon sa coutume , elle se plaça à la porte , & de-là observoit tout ce qui se passoit entre les Dieux. Vers la fin du repas, le Dieu de la Richesse quitta la Table , & sortit. Il avoit bû plus que de raison , le Nectar lui avoit monté à la tête, il avoit besoin de repos. Il entra dans le jardin de Jupiter, & s'étant couché sur le gazon il s'endormit. Notre Déesse le vit & en fut éprise. La Pauvreté éprise de la Richesse , cela n'est point surprenant. La pauvre Déesse brûloit sous ses haillons. Que faire ? Elle alla join-

H

dre le Dieu de la Richeſſe dans le jardin, & là ..... on m'entend.
Au bout de neuf mois elle mit au monde une petite créature, à qui elle donna le nom d'Amour. On s'apperçut bientôt que le petit Amour avoit beaucoup de l'humeur de ſon pere le Dieu de la Richeſſe, & de celle de ſa mere la Déeſſe de la Pauvreté. Du côté de ſon pere, il hérita de la valeur, de la témérité, de l'ambition ; de la préſomption, de l'orgueil, &c. Du côté de ſa mere, il hérita de l'humilité, de la baſſeſſe, de la méfiance, de la crainte, du déſeſpoir, &c.

Ainſi l'Amour eſt grand & petit ; il eſt vertueux & vicieux, il eſt bon & mauvais, il eſt tout & n'eſt rien.

F I N.